U0927071

江西财经大学信毅学术文库

股市过度投机与中国实体经济

毛建辉 著

中国财经出版传媒集团
中国财政经济出版社

图书在版编目（CIP）数据

股市过度投机与中国实体经济／毛建辉著．-- 北京：中国财政经济出版社，2020.12
（江西财经大学信毅学术文库）
ISBN 978-7-5223-0013-9

Ⅰ.①股… Ⅱ.①毛… Ⅲ.①股票交易－研究 Ⅳ.①F830.91

中国版本图书馆 CIP 数据核字（2020）第 168813 号

责任编辑：彭　波　　　责任印制：史大鹏
封面设计：王　颖　　　责任校对：胡永立

中国财政经济出版社 出版
URL：http：//www.cfeph.cn
E-mail：cfeph@cfeph.cn

社址：北京市海淀区阜成路甲 28 号　邮政编码：100142
营销中心电话：010-88191522
天猫网店：中国财政经济出版社旗舰店
网址：https：//zgczjjcbs.tmall.com
北京财经印刷厂印刷　各地新华书店经销
成品尺寸：170mm×230mm　16 开　10.25 印张　160 000 字
2020 年 12 月第 1 版　2020 年 12 月北京第 1 次印刷
定价：68.00 元
ISBN 978-7-5223-0013-9
（图书出现印装问题，本社负责调换，电话：010-88190548）
本社质量投诉电话：010-88190744
打击盗版举报热线：010-88191661　QQ：2242791300

总　序

书籍是人类进步的阶梯。通过书籍出版，由语言文字所承载的人类智慧得到较为完好的保存，作者思想得到快速传播，这大大地方便了知识传承与人类学习交流活动。当前，国家和社会对知识创新的高度重视和巨大需求促成了中国学术出版事业的新一轮繁荣。学术能力已成为高校综合服务水平的重要体现，是高校价值追求和价值创造的关键衡量指标。

科学合理的学科专业、引领学术前沿的师资队伍、作为知识载体和传播媒介的优秀作品，是高校作为学术创新主体必备的三大要素。江西财经大学较为合理的学科结构和相对优秀的师资队伍，为学校学术发展与繁荣奠定了坚实的基础。近年来，学校教师教材、学术专著编撰和出版活动相当活跃。

为加强我校学术专著出版管理，锤炼教师学术科研能力，提高学术科研质量和教师整体科研水平，将师资、学科、学术等优势转化为人才培养优势，我校决定分批次出版高质量专著系列；并选取学校“信敏廉毅”校训精神的前尾两字，将该专著系列命名为“信毅学术文库”。在此之前，我校已分批出版“江西财经大学学术文库”和“江西财经大学博士论文文库”。为打造学术品牌，突出江财特色，学校在上述两个文库出版经验的基础上，推出“信毅学术文库”。在复旦大学出版社的大力支持下，“信毅学术文库”已成功出版两期，获得了业界的广泛好评。

“信毅学术文库”每年选取10部学术专著予以资助出版。这些学术专著囊括经济、管理、法律、社会等方面内容，均为关注社会热点论题或有重要研究参考价值的选题。这些专著不仅对专业研究人员开展研究工作具有参考价值，也贴近人们的实际生活，有一定的学术价值和现实指导意义。专著的作者既有学术领域的资深学者，也有初出茅庐的优秀博士。资深学者因其学术涵养深厚，他们的学术观点代表着专业研究领域的理论前沿，对他们专著的出版能够带来较好的学术影响和社会效益。优秀博士作为青年学者，他们学术思维活跃，容易提出新的甚至是有突破性的学术观点，从而成为学术研究或学术争论的焦点，出版他们学术成果的社会效益也不言自明。一般而言，国家级科研基金资助项目具有较强的创新性，该类研究成果常常在国内甚至国际专业研究领域处于领先水平，基于以上考虑，我们在本次出版的专著中也吸纳了国家级科研课题项目研究成果。

“信毅学术文库”将分期分批出版问世，我们将严格质量管理，努力提升学术专著水平，力争将“信毅学术文库”打造成为业内有影响力的高端品牌。

王 乔

2016 年 11 月

前　　言

实体经济是经济社会发展的基础，为生产、消费等领域提供了重要物质基础。自改革开放以来，中国经济保持高速增长，然而，近些年，受产能过剩和全球金融危机等因素的综合影响，中国经济增长出现疲软的状态，其中，实体经济的下滑尤为明显。据国家统计局数据显示，从 2012 年开始，中国工业生产者价格指数（PPI）增长率持续负增长，工业企业利润增长和固定资产投资同样持续走低。与实体经济的低迷相比，以股票市场为代表的虚拟经济则波动频繁、表现异常活跃，例如，仅 2015 年 5 月新开证券交易账户达 1200 万户。实体经济下行不仅没有导致股市低迷，反而虹吸大量资金进入股市，引起股市大起大落的繁荣假象，股票市场和实体经济严重背离。因此，有必要了解中国股市为何没有支持实体经济发展？股市过度投机行为是否抑制了实体经济的发展？本书使用 1998 ~ 2013 年国家统计局工业企业调查数据，通过排除经济基本面因素之后的省区市股市成交额与 GDP 比值、成交额增长率及成交额波幅三个指标衡量股市过度投机程度，从中微观结合的视角考察股市过度投机与实体经济间的关系，并分析两者间的具体作用机制。本书的研究及创新主要体现在以下几个方面：

（1）本书检验股市过度投机是否影响实体企业融资约束、生产要素投入、生产产出以及生产率，并按资产规模大小将实体企业分为大型企业、中小型企业、产权性质将实体企业分为内资企业、外资企业考察不同规模和产权性质对股市过度投机与实体企业关系的影响，研究发现：省区市的股市过度投机交易活跃度越高，当地实体企业的融资约束越高，而生产要素投入、生产产出和生产率越低；省区市的股市过度投机交易活跃度对中小型实体企业融资约束、生产要素投入以及产出和生产效率的负面影响高于大型实体企业；省区市的股市过度投机交易活跃度对内资实体企业融资约束、生产要素投入以及产出和生产效率的负面影响高于外资实体企业。

（2）本书重点探讨了股市过度投机对实体企业影响的具体作用机制，主要分析股市过度投机对实体企业生产要素投入、产出以及生产率的机制传导，研究发现：股市过度投机造成实体企业的融资约束增大，进而导致实体企业生产要素投入、生产产出和生产率下降；源自股市过度投机的内源性融资约束对实体企业生产要素投入、生产产出和生产率的负面影响大于外源性融资约束。

（3）本书研究表明，股市过度投机对实体企业，特别是中小型、内资实体企业的融资机会和生产能力造成显著的负面影响，进而对实体经济的健康发展产生严重威胁，因此监管部门必须进一步推动证券市场基础制度改革，如加快实施股票发行注册制、不断完善上市公司退市制度及全方位建立投资者保护和赔偿机制，同时，培育价值投资和中长期投资理念，才能打破国家为股市提供的隐形担保，从源头上消除我国证券市场的投机性，从而减少股市对实体经济的负面冲击，切实提高股市服务实体经济的效率。

目　　录

第1章　引　　言

1.1　研究背景和问题的提出

自 Schumpeter 提出金融体系可以通过金融服务提升生产力和促进经济增长以来，金融发展与经济增长的关系得到了学术界广泛关注，并在理论上达成了一定的共识。即一个结构完善和运行良好的金融体系，可以降低市场中信息不对称和市场风险，减少企业融资成本，提升市场运行效率，并将资金配置到运行效率高和增长潜力好的实体经济部门，促进储蓄向投资转化，提高企业创新能力和生产效率，进而实现经济增长。股票市场是金融体系重要组成部分，它的建立和发展对经济社会具有重要意义。现代金融理论认为，股票市场可以通过融资和运行机制促进储蓄资金向投资转化，引导资金流向业绩优良的企业，促进产业结构调整升级，实现资源优化配置，此外，股票市场具有经济“晴雨表”和价值发现功能，并且股票市场的财富效应和投资效应也可以对宏观经济产生积极影响，但股票市场运行并不是完全有效的，实体经济收益不确定、信息不对称以及参与者的非理性行为如“羊群”行为、市场操纵等均会导致股票价格和成交量发生异常波动，而一旦这些市场“异象”不能得到有效控制进而蔓延成投机泡沫，就会阻碍股市功能的发挥，干扰正常金融秩序，甚至可能会破坏宏观经济体系正常运转，诱发严重经济危机。如荷兰郁金香热、法国密西西比泡沫、英国南海泡沫以及 1990 年日本股市惨跌等典型股市投机案例均使各国经济遭受到了重创，并波及其他国家和地区。由此可见，股市投机行为与经济发展息息相关，因而也得到了学术界和监管部分的广泛关注，一直是经济学研究领域的热点问题。

自改革开放以来，中国资本市场迅猛发展，为经济建设和社会发展做出了重要贡献，特别是作为资本市场核心——股票市场的建立和发展，为上市企业融资提供了强大的资金保障，极大地促进了多元化融资体系的形成，已经成为金融体系不可或缺的一部分。中国股票市场起步较晚，直到1986年才有股票交易，但这仅限于柜台交易，交易品种也以债券化股票为主，而1990年12月和1991年6月上海、深圳证券交易所的挂牌成立，才标志着中国股票市场正式形成。自成立以来，中国股票市场快速发展，规模不断扩大，尤其是经过国有企业股权分置改革的洗礼后，市场制度日趋完善，投资者交易也更加活跃，股票市场对国民经济和社会生活的影响日益深入。根据相关统计数据显示，1992年，在中国境内上市的企业（A、B股）为53家，股票市值为1048.13亿元，股票市值与GDP的比例为3.93%，境内股票筹资额仅为50亿元，境内股票筹资额与银行贷款增加额的比例仅为1.18%，股票成交量和成交金额分别为37.95亿股、681.25亿元，投资者开户数量为216.65万户，可见成立之初的中国股票市场活跃度不足，融资能力有限，但到2017年，在沪、深两市上市的企业已经达到3052家，股票的总市值达到50.72亿元，股票市值与GDP的比例达61.32%，境内股票全年融资规模达到1.33万亿元，境内股票市场筹资额与银行贷款增加额的比例达9.85%，股票成交量和成交额分别达8848亿股、11.3万亿元，投资者开户数量也达4.40亿户，目前中国股市已经是仅次于美国的全球第二大股票市场，并且形成了主板、创业板、新三板等多位一体的证券融资和交易体系。[①] 就理论而言，中国股票市场已经初步具备资金融通、资源优化配置、资产价格信息传导以及反映宏观经济运行情况等股市基本功能，并与以银行信贷为主的间接融资体系形成了补充和竞争。股票作为虚拟经济的一种重要资产形式，其价格和成交量的变化应以实体经济发展为基础，这样在一定范围内的波动才不会脱离实体经济，然而，相对于西方成熟发达的股票市场，中国股票市场发展仍处于初级阶段，尽管取得了一定成就，但股票市场中存在的制度性和结构性问题，使其在发行、交易、监管等各方面均严重阻碍股票市场各项功能发挥，此外，投机氛围浓厚、异常波动频繁已经成为中国股票市场主要特征。此

① 数据来源于历年证券期货统计年鉴、交易所统计年鉴和《中国金融年鉴》。

外，自成立以来，中国股票市场经历了多次大的动荡和调整，大涨大跌已经成为一种常态，其中，2007年和2015年股灾给我们印象尤为深刻。在2007年股灾中，受国有企业体制改革和市场流动性过剩的影响，中国股市一路上扬，上证指数仅用28个月就从2005年6月6日的998.23点上涨到2007年10月16日的6124.04点，中国股市在短期内上涨速度之快、幅度之大令人瞠目，在全球股市也极为罕见。而之后受全球金融次贷危机的影响，中国股市急转直下，到2008年10月29日跌到仅剩1664点，跌幅高达73%，超过20万亿元的市值灰飞烟灭，大批量股民毕生财富损失殆尽。而在离我们较近的2015年股灾中，在多种利好消息的刺激下，从2014年7月到2015年6月12日，沪、深股指数分别飙涨152%和146%，创业板指数上涨幅度更是高达178%，而从2015年6月15日之后的17个交易日，中国股市一泻千里，上证综指狂跌32%。在这一轮牛市中，中国股市一天的成交量甚至可以轻松超过2万亿元，这比全球大部分股市一年的交易量还要多，而在这一轮熊市中，中国股市又经历了“千股跌停”“千股停牌”的奇观，市场的流动性几近枯竭，中国股市在各个方面都在不断地刷新着世界纪录。毋庸置疑，股票市场为中国经济高速发展提供了强大资金支持，但我们同时也应看到，限于制度、法律等多方面的不足，中国股票市场长期处于一种畸形的结构中，在投资者非理性预期和强烈投机动机驱使下，股票价格偏离基本价值的情况也愈加严重，偏离的股票价格不仅不能准确反映上市企业内在价值，还会使上市企业人均资本存量超过了黄金资本存量，资本配置效率低下，导致资本大量浪费。

实体经济是经济社会发展的基础，为生产、消费等领域提供了重要物质基础。一个国家工业化和现代化发展程度决定着实体经济的规模、效率和竞争力，因此，构建完善的现代化工业经济体系，是中国实体经济发展的核心。经过几十年的快速发展，中国已经建成了涵盖41个工业大类、201个中类、581个小类的完整独立工业体系，是全球工业门类最齐全的国家，有接近一半的工业产品的产量居全球首位。自改革开放以来，中国经济保持年均接近10%的增长率高速增长，但近些年，受国内产能过剩和全球金融危机等因素的综合影响，中国经济增长持续疲软，其中，实体经济下滑得尤为明显。根据国家统计局公布的数据显示，从2012年2月到2016年8月，中国工业生产者价格指数（PPI）增长率持续了长达54个月的负增长，PPI 增长率累计值为 -87.58%，这意味着即使工业企业在 2012 年 2 月 PPI 中产生了 12% 利润，到 2016 年 8 月还会处于亏损状态。2016 年 9 月之后，中国 PPI 增长率开始为正，但仍然没有消除 PPI 增长率长达 54 个月累计为负的影响。此外，与 PPI 增长率下行情况类似，中国工业企业利润增长和固定资产投资同样不容乐观，2013 年、2014 年、2015 年工业企业利润增长率持续为负，而 2016 年工业企业利润增长率虽然为正，但这主要得益于国际石油价格回升，制造业劳动生产率并没有提高，工业企业利润增长率仍然起伏不定；在固定资产投资方面，中国固定资产投资完成额增长率同样一路走低，从 2009 年 6 月的 33.6% 降低到 2018 年 3 月的 7.5%，降幅达到 77.8%，而民间固定资产投资完成额增长率则从 2011 年 6 月的 28.54% 降低到 2018 年 3 月的 2.25%，降幅更是高达 92.1%。与实体经济的低迷相比，以股票市场为代表的虚拟经济则波动频繁、表现异常活跃，例如，仅 2015 年 5 月沪深两市新开 1200 万证券交易账户。由此可见，目前，中国金融市场出现了“流动性陷阱”，一方面，市场流动性被股市和货币基金大量挤占，根据中国人民银行的报告数据，2015 年 4 月和 5 月居民储蓄减少 1.5 万亿元，而流入证券市场的资金则上涨 1.9 万亿元；另一方面，利率传导机制出现了障碍，央行货币政策调控并没有带来实体经济复苏，而通过降低准备金率释放的基础货币在金融同业市场游离，难以流入实体企业，使同业市场拆借利率长期保持低位，金融市场流动性过剩，而实体企业则出现信贷资金供给不足，尤其是中小企业的融资困境没有得到根本缓解。反观中国股票市场，市场的低利率和经济下行没有导致股市低迷，反而虹吸大量资金进入股市引起股市大起大落的繁荣假象，与此同时，上市企业在股市的 IPO 和增发配股融资也没有使实体经济产生实际有效投资，股票市场与实体经济出现了较大程度的背离。

综合前面阐述的现象可知，中国股票市场一直以来波动频繁、投机氛围浓厚，而实体经济近些年表现低迷，股票市场与实体经济发展严重脱节。那么，我们要思考的问题是，中国股票市场为何没有支持实体经济的发展？股市投机行为是否抑制了实体经济发展？如果抑制，具体的作用机制又是如何？鉴于新常态下中国实体经济下行趋势严峻，对这一问题的探讨显得尤为重要。基于此，本书试图在已有理论研究的基础上，从企业层面研究股市过度投机与实体经济的关系，并分析股市过度投机对实体企业融资约束、投入、产出和生产效率的影响及内在作用机制，以期为抑制中国股市过度投机、优化资源配置效率以及促进实体经济稳定发展提供政策建议。

1.2 研究意义

1.2.1 理论意义

（1）以股市过度投机和实体经济为研究对象，有助于理解金融发展与经济增长的关系，检验金融抑制理论。金融抑制理论对发展中国家金融发展与经济增长的解释一直被金融理论研究者推崇，但近些年，这一理论在各国实践中被反复质疑，在很多发展中国家表现出极力挣脱的症状，虚拟经济快速发展拉动了经济增长，但金融过度化和透支性的经济往往以金融危机和经济失衡结束。理论上，关于股市发展与经济增长关系的研究，结论莫衷一是。部分研究表明，股市投资产生的收益推动了企业实际投资，并且股市发展提升了宏观经济的运行效率（Fama，1981；Holmström and Tirole，1993），而 Hau 和 Lai（2013）的研究则表明，在金融危机期间，股市异常波动会抑制实体产业投资和就业。因此，利用中国数据研究股市过度投机与实体经济的关系，有助于验证金融抑制理论、厘清股市发展与实体经济增长的关系。

（2）考察股市过度投机对实体经济微观层面的影响，有助于弥补仅研究经济宏观层面的不足。关于股票市场与经济增长的关系已经成为宏观经济领域热点问题，例如，Levine（1991）、Beck 和 Levine（2004）、Cooray（2010）等研究了股市发展对投资、产出、经济长期增长的影响，国内学者徐涛（2001）、范学俊（2006）、胡永刚和郭长林（2012）则重点探讨了股市发展对消费、资源配置效率、财富效应等影响，而对经济微观层面的研究则寥寥无几。因此，采用中国工业企业微观数据分析股市过度投机对实体经济的影响，是对相关问题宏观层面的有效补充。

（3）对股票市场中投机问题的考察，有助于加深股市功能的认识，并为虚拟经济研究提供新的思路。中国股市已经成立 29 年，市场规模仅次于美国，是全球第二大股票市场，但相较成熟的股票市场，中国股市存在较大缺陷，具体表现为交易制度采用 T+1、投资者结构不合理、市场易受政策波动影响等，而实体经济与股市的表现却常常大相径庭，因此，在此背景下考察股市过度投机行为有助于进一步理解股票市场功能，找寻到中国股市与实体经济背离的原因。

（4）从交易资金和中观层面考察股市过度投机行为，有助于弥补股市投机相关研究的不足。在已有文献中，学者们大多从股价波动分析市场的投机行为，例如，崔畅和刘金全（2006）从股价和内在价值的均衡关系中甄别股市是否存在投机行为；Allen 和 Gale（2010）从资产价格变动和风险转移的关系中判断股市是否存在投机行为，而基于交易资金的研究则显得相对不足。此外，股市投机的研究对象常见于宏观和微观层面，例如，游向前和陈文梅（2002）、Abreu 和 Brunnermeier（2003）以股票指数为考察对象；Stanford 等（2002）以上市企业微观数据为样本，而中观层面鲜有文献涉及，因此，基于交易资金和中观层面研究股市过度投机行为，是股市投机相关研究的有效补充。

1.2.2 现实意义

（1）为经济政策的制定和证券市场的监管提供政策建议。新常态下，中国经济结构发生了扭曲，虚拟经济和实体经济出现了严重背离。一方面，股市在房地产的回落中出现了泡沫，虽然目前股市交易活跃度出现了一定程度下滑，但过去较长一段时间股市背离实体经济上扬；另一方面，近些年，中国实体经济异常低迷，工业需求逐年下降，实体企业利润骤降，亏损企业数量大幅增加，投资需求萎缩，而中国股市主要目标是通过资本有效配置促进实体经济发展，但只有当资金流向经济效益高的企业，资本配置才是有效的。然而，中国股市自成立起就充满投机色彩，“股经背离”已成为一种常态。因此，健全的股市对实体经济发展显得尤为重要，而对股市过度投机和实体经济关系的研究有助于了解股市内在经济规律，为股票市场制度改革和完善提供政策建议，同时也对股市更好地服务实体经济具有深远意义。

（2）有助于引导个人和机构投资者理性投资，防范股市非理性投机行为。中国股市自成立起，市场走势犹如“过山车”，上证指数既可以在两年时间上涨7倍，又可以在不到一年时间下跌7成，而中国股市市盈率常年居高不下，在2015年7月曾一度达到140倍，远高于西方成熟的股市，此外，由于中国上市企业基本不分红，使投资者的投资策略更多采取的是短线套利，缺乏长期投资理念，导致股市跟风、“羊群”效应等市场异象频现。因此，波动性过大、投机氛围浓厚是中国股市主要特征，而对股市过度投机行为的研究，有助于引导机构和个人理性投资，抑制股票市场非理性泡沫。

（3）有助于推动股票市场体制改革，提高其服务实体经济的效率。现阶段，中国银行业已经深入体制改革，基本建立了完善的公司治理体系，而作为资本市场重要组成部分的股票市场，体制改革则显得相对滞后。例如，在上市企业退市制度上，自成立起，仅60多家企业被强制退市，而近些年退市企业更少，在2014～2016年中仅四家上市企业退市。“退市难”问题在一定程度反映了中国股市上市制度、监管制度、政府行为等问题。因此，对股市过度投机行为的研究，有助于我们理解中国股市存在的制度缺陷，并可推动股票市场体制改革，提升其服务实体经济的效率。

1.3　基本概念的定义和说明

1.3.1　股市投机相关概念

（1）股市投机的定义。

“投机”一词源于《新唐书·张公谨传·赞》中的“投机之会，间不容”，意为机会难得，容不得疏忽片刻，表示凡事得抓紧时间，不能有丝毫迟疑。黄长征认为，投机是指通过交易对象的买卖价差，获取短期收益的高风险经济行为。中国《现代汉语词典》认为投机有“见解相同”和“利用时机谋取私利”两种含义。在国外文献中，《新帕尔格雷夫经济学大辞典》认为投机为一种经济行为，指暂时购买（出售）商品并不是为了一段时间之后再出售（购买），而是为了从商品价格的变化中获利。《牛津经济学词典》认为投机是以商品、股票等为交易对象的一种交易活动，主要目的是获取价差收益。英国戴维·皮尔斯编写的《现代经济学词典》认为投机是一种买卖活动，当价格和汇率发生变化时，投资者可以从买进和卖出中赚取利润。

股市投机是将“投机”概念引申到股票市场中。一般而言，投资者在股票市场买卖股票前，会对股市行情进行预测，当对市场行情看涨时，购入股票，待股价上涨后再卖出；而对市场行情看跌时，则抛售持有的股票，待股价下跌后再购入，以期在短期内获得价差收益或者暴利的股票交易行为称为股市投机。

(2) 股市投机与股市投资。

为更好地理解股市投机定义，我们将股市投机和股市投资对比分析。

股市投资是指投资者在股市中购买有价证券及有价证券衍生品以获得股息、红利和资本利得的投资行为，是一种重要的投资形式。广义上，股市投资既包括一般意义上的股市投资，也包括股市投机，其与股市投机行为密切联系，很难严格区分开来。一般而言，在成熟的股票市场中，投资者在股市投资主要为了获得股息收入，因此，具有稳定股息收益的股票深受投资者偏爱，但伴随着股票交易活跃度的上升，股票价格频繁波动，投资者发现价差利润变得有利可图，因而吸引越来越多的投资者，正常股市投资行为会不自觉衍变为股市投机。此外，通常情况下，投资者购买某企业股票是预期该企业的经济效益会提高，能够为投资者带来更多的红利、股息，因此，投资者的经营策略一般采取长期持有，并不急于追求股票的短期买卖差价。

由此可见，尽管股市投资和股市投机存在千丝万缕联系，但两者之间的区别仍客观存在，这种区别主要体现在本质特征、行为动机、行为特点和风险态度上。表 1 -1 做了简单的归纳。

表 1 -1　　股市投资和股市投机的比较

	股市投资	股市投机
本质特征	投资者在股市投资，获得股票增值利润和价差收益的交易行为	投机者从股票价格变动中获得资本利得的短期交易行为
行为动机	侧重长期投资获得稳定股利	侧重短期股票价差谋取高额收益
行为特点	资本金安全为主	收入最大化为主
风险态度	积极规避风险	主动承受风险

(3) 股市投机的种类。

在股票市场中，投机的种类多样，不同投机方式具有不同特点。按照投机行为是否合法，股市投机分为合法投机和非法投机。其中，非法投机是指投机者不遵守法律和市场规则，采取操作市场、内幕交易以及虚假信息等法律禁止的交易行为获得暴利，扰乱正常市场秩序，破坏股市正常功能的投机行为；合法投机是指投机者利用合法途径获得市场信息，对股价走势进行预测，依法购入和卖出股票，以期从价差和股利分红中获得收益的投机行为。合法投机又可以划分为理性投机和非理性投机。理性投机是指投机者经过缜密分析，采取合理的交易策略，获得收益的投机行为，并且这种行为不妨碍正常的市场秩序；非理性投机是指投机者以不正当手段获得不恰当利益，同时给竞争对手和相对人造成损失，妨碍正常的市场秩序，是一种盲目的投机行为。

(4) 股市投机的特点。

根据股市投机的概念和种类，股市投机主要具有以下特点：

第一，预测性。股市投机是投机者在股价预测基础上做出的一种交易行为，而股价的预测受多种因素影响。其中，信息是预测能否成功的关键，一般而言，投机者从股市中获得的信息越充分，股价预测的准确度越高，投机成功的概率越大。股市信息不仅包括影响股价变化的诸多因素，还包括其他影响投机者的交易行为。

第二，风险性。由于股市投机是建立在股价预测基础上，如果预测失败，投机者就必须承担相应的损失，而如果预测成功，则可以获得相应的收益。因此，股市投机这种以股票价差套利的交易行为，必须以市场风险为条件。

第三，短期性。一般而言，投机行为是不以长期持有某种有价资产为交易目的，股市投机亦是如此，股市投机者主要关注股价短期变化，以期从股价变化中获得盈利机会，而股市投资是长期持有并获得红利、股息的交易行为，因此，股市投机者持有股票时间较短，交易时间短是股市投机的重要特点。

1.3.2 实体经济相关概念

(1) 虚拟经济。

虚拟经济的概念可以追溯到马克思在《资本论》中对虚拟资本的论

述，认为虚拟资本是在信用制度和资本借贷基础上产生的，虚拟资本本身没有价值，但可以通过资本循环增值，主要包括债权、国家证券、股票等。希法亭对虚拟资本的范畴和本质做了进一步完善，认为虚拟资本是在股份公司的发展过程中产生的，以信用经济为基础的虚拟资本已经成为经济运行的重要枢纽，是经济系统的核心。同时将股票、公债、信用货币以及信贷业务创造的货币也一并纳入虚拟经济范畴。现代经济词典将虚拟经济定义为经济系统，认为虚拟经济在虚拟资本中产生，并通过交易和流通形成。国内学者也对虚拟经济进行了辨析，刘俊民（1998）认为虚拟经济包括广义和狭义两种。其中，广义虚拟经济是指除物质生产以及与之相关劳务外的一切经济活动，具体包括文娱、金融活动、房地产（不包含建筑业）、体育、教育等，而狭义虚拟经济主要指金融行业和剔除建筑业外的房地产业。成思危（2003）认为虚拟经济是以金融系统为依托，虚拟资本循环增值的经济活动。同时提出虚拟经济发展需要经历货币资本化、生息资本社会化、有价证券社会化、金融市场国际化以及国际金融集成化五个阶段，并认为虚拟经济具有高风险、周期性、复杂性、寄生性等特征。

（2）实体经济。

“实体经济”一词主要源于美联储，2007 年美国金融次贷危机爆发后，美联储在各种声明中频繁使用“实体经济”一词，如次贷危机全面爆发后，美联储在申明中称“金融市场并没有损及实体经济”。根据美国经济构成，美联储认为实体经济涵盖了制造业、零售业、贸易经常账户等，但金融市场、房地产市场以及核心能源消费不包含在内。国内学者对实体经济的定义与美联储的解释差别不大，如王国刚（2004）认为实体经济为物质的生产、流通和交互活动以及与此相关的劳务活动，主要包括产业体系中的工业、农业、运输业、建筑业、邮电业等。金碚（2012）对实体经济外延，认为广义实体经济涵盖了三大产业中的工业服务业和直接服务业，而第二产业中制造业是实体经济的核心。党的十六大报告指出，实体经济指物质、精神、服务产品和商品生产、流通等经济活动，其中，物质和服务产品包括工业、农业、建筑业、交通运输业、商业服务等，而精神产品包括教育、艺术、体育、知识、文化、信息等。

（3）经济“脱实向虚”。

经济“脱实向虚”是近几年频繁出现的词汇。从表象上看，指的是产业结构在生产力发展过程中的变化趋势，在产业结构升级过程中，物质生产和资本从以制造业为主的实体经济部门转移到以金融业为主的虚拟经济部门，使虚拟经济在国民经济体系中的地位得到提升，而实体经济的地位则逐步下降，主要社会投资也由实体经济部门流入虚拟经济部门。从实质上看，指的是在产业结构升级的过程中，实体经济在整个经济体系中的比重不断下降，而虚拟经济的比重则逐渐上升，削弱了实体经济在国民经济的基础地位，进而不利于国民经济健康发展。经济脱实向虚主要有三种表现形式：第一，实体经济的投资在逐渐降低，而虚拟经济的投资在升高；第二，虚拟经济在GDP的占比上升，而实体经济尤其是工业增加值在GDP的占比下降；第三，金融证券化的发展速度过快，导致虚拟资产过度膨胀。

1.4 研究方法

根据研究内容和主题，本书主要采用以下研究方法：

（1）文献研究法。文献研究法主要指通过对论文主题相关的文献搜集和梳理，系统分析已有研究存在的不足，归纳出国内外已有研究的观点和思路，并在此基础上构建本书的研究框架、思路和内容。本书以股市过度投机和中国实体经济为核心，对与之关联的文献检索和分析，总结出与研究主题相关的文献和进展，这是本书研究的起点。

（2）定性分析与定量分析相结合。定性分析与定量分析相结合是现代经济研究的主要研究方法。其中，定性分析是指对研究内容系统归纳和总结，而定量分析则是指对具体数据进行分析并得出结论。本书在研究中运用现代金融理论对中国股市过度投机与实体经济的关系进行定性分析，以揭示股市过度投机与实体经济的内在机制和过程。同时，运用计量方法对样本数据进行定性分析，以佐证定性分析的结果。

（3）规范分析与实证分析相结合。规范分析是以一定的价值标准为基础，对社会经济情况进行理性分析，并衡量优劣的一种研究方法。实证分析是对社会经济运行状况进行描述、分析和解释，是一种较为严谨、客观的研究方法，也是规范分析的基础。本书在研究过程中，规范分析中国股市、实体经济存在的现实问题，对市场投机氛围浓厚、经济脱实向虚等问题进行判断。同时，借助计量方法定量考察股市过度投机对实体经济的影响，并根据实证结果提出相应的政策建议。

（4）比较分析与分类分析相结合。比较分析与分类分析相结合是统计分析中常用的一种研究方法，比较分析是指将多个研究对象进行对照，以分析它们之间相似性和差异程度的一种方法，而分类分析是指将研究对象按某一特征细致分析，以探究其产生差异的原因。本书在研究中对实体经济与虚拟经济的概念和范畴分析，以揭示两种经济形态的本质差异，同时在实体经济研究中将实体企业按规模大小、产权性质分类，探讨其在面临股市过度投机冲击时的表现。

（5）历史分析与逻辑推理相结合。历史分析与逻辑推理相结合是基本的科学研究方法，强调的是在事物历史演变过程中，从不同存在形态中发现内在一般规律。本书在分析股市过度投机和实体经济的关系时，将采用历史分析法对中国股市过度投机和实体经济发展情况分析和讨论，得出先验性结论，再运用逻辑推理法归纳出其内在的一般性规律。

1.5 研究思路、结构安排和基本框架

1.5.1 研究思路

本书研究遵循实证论文的逻辑方法和研究框架，理论分析、现状分析与实证检验相互佐证。研究思路简单归纳为：研究背景的阐述→已有文献的梳理→股市过度投机与实体经济的理论机制分析→股市过度投机与实体经济的现状分析→股市过度投机与实体经济的实证分析→研究结论及相应的政策建议。本书主要围绕股市过度投机、实体经济、经济脱实向虚等核心问题展开，各个章节相互衔接、层层递进，使理论分析和逻辑论证实现统一。

具体而言，第一，本书对中国股市过度投机和实体经济的背景细致分析，探寻到需要研究的问题；第二，对主题相关的文献梳理，明晰本书的研究对象；第三，对股市投机和实体经济内涵界定，并以此为出发点，进

一步阐述股市过度投机对实体经济的具体作用机制，为本书接下来的研究奠定理论基础；第四，采用计量方法检验股市过度投机对实体经济的影响，并将实体企业按规模大小和产权性质分类；第五，依据本书研究结论、相关理论以及中国的现实状况，提出相应的政策建议。

1.5.2 研究内容与结构安排

依据全书的思路逻辑，本书以股市过度投机和实体经济为主线，系统分析了股市过度投机对实体经济的影响，旨在探讨中国股市的制度性缺陷以及股市不能服务实体经济等问题，并针对存在的问题提供了相应的解决措施。

本书共7章，具体结构和内容安排如下：

第1章为引言。本章研究中首先阐述了本书的选题背景、研究目的、理论价值和现实意义，其次概述了本书的研究思路、方法和框架结构，最后指出本书的主要创新点和不足之处。

第2章为文献综述与述评。本章主要按主题、时间顺序对股市投机与实体经济发展相关文献系统梳理。首先，对股市投机的相关理论和实证研究做了回顾；其次，对虚拟经济与实体经济的关系及实体经济虚拟化的相关文献做了梳理；再次，介绍了股市是否支持实体经济的相关研究；最后，对已有文献述评并指出其中的不足之处，提出本书的解决方法。

第3章为理论分析与模型构建。本章主要通过构建理论模型，引入资产泡沫，并按泡沫产生原因的差异分为理性投资泡沫和非理性投机泡沫，探讨股市过度投机与实体经济的关系。

第4章为中国股市过度投机和实体经济发展现状分析。本章研究中，首先，介绍中国股市的投机现状并对存在问题的原因进行了分析；其次，介绍了中国实体经济的现状并对存在问题的原因进行了分析；最后，对股市过度投机与实体经济的趋势简要分析，为接下来的实证章节做铺垫。

第5、第6章为股市过度投机与实体经济影响及作用机制的实证分析。这两章主要包括两个部分，第一部分为股市过度投机与实体经济关系的实证分析，主要探讨股市过度投机与实体企业融资约束、生产要素投入、生产产出和生产率的关系；第二部分为股市过度投机与实体经济具体作用机制的实证分析，主要研究股市过度投机、实体企业融资约束、生产要素投入、生产产出和生产率间的传导机制。

第7章为本书的研究结论、政策建议和研究展望。该章首先对本书实证部分得到的结论进行总结，其次根据形成的研究结论提出相应的政策建议，最后针对本书的不足之处提出未来研究展望。

1.5.3 技术路线

本书的基本框架如图1－1所示。

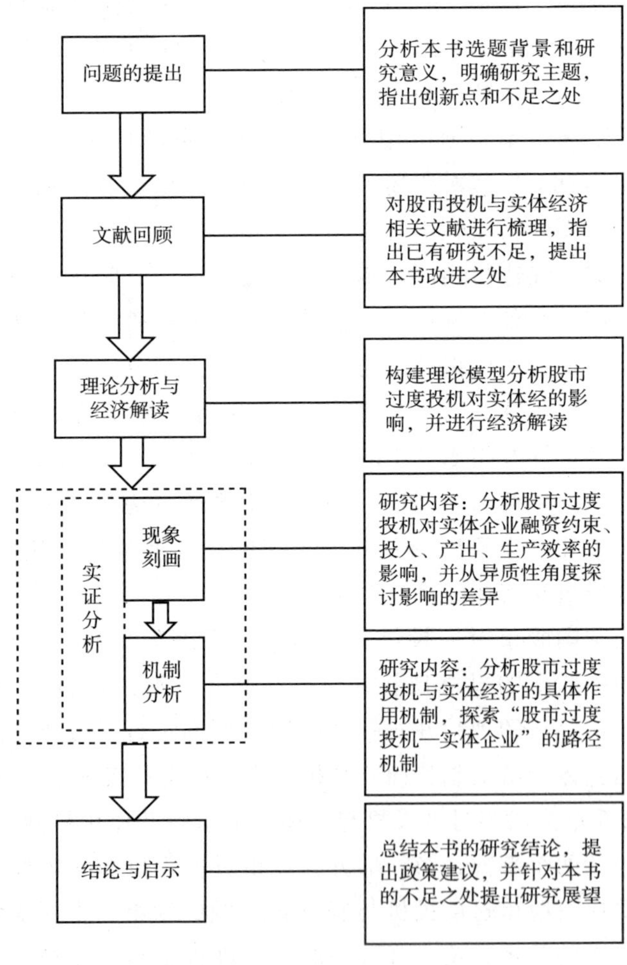

图1－1　本书的技术路线

1.6 创新点和不足之处

1.6.1 创新点

本书可能的创新点主要体现在以下几个方面：

第一，本书对实体经济的考察集中于实体企业。已有文献对实体经济的研究主要基于宏观和中观层面，鲜有文献从微观层面对其展开研究，并且关于实体经济的微观分析仅局限于上市企业数据，却忽略了大量堪称"实体经济细胞"的非上市企业。

第二，本书从交易资金和中观层面考察股市过度投机行为。在研究视角上，已有研究主要从股价的变动中分析股市的投机行为、程度，而基于交易资金的研究则显得相对不足。在股市投机研究对象上，已有文献大多从宏观和微观层面分析，鲜有文献从中观层面考察。

第三，本书采用排除基本面因素之后的股市交投活跃度指标衡量股市过度投机交易活跃程度。已有研究对于股市投机活跃程度的衡量主要采用换手率、市净率等指标，但没有排除股市价值投资部分。鉴于股市成交额中包含基于经济基本面的价值投资或长线投资以及偏离经济基本面的短线投机，因此，剔除基本面因素后的股市交投活跃度更能代表股市过度投机活跃程度。

第四，本书采用中观与微观相结合分析股市过度投机对实体经济的影响。已有研究对于股票市场与经济增长关系的研究大多基于宏观层面，鲜有文献结合中观和微观数据开展相关研究。此外，中国股市具有相当浓厚的投机特征，如市盈率、换手率和股指短期波幅均在全球名列前茅，而对于股票市场与经济增长的研究很少将股市投机因素纳入框架分析。

1.6.2 不足之处

本书可能的不足之处主要有以下几点：

（1）本书实体经济的微观数据采用了中国工业企业数据库，虽然该数据库统计了全部国有企业以及年收入超过500万元的民营企业，但还是有大量的民营企业未被包含在内，这可能使本书实证结果产生一定偏误。

（2）股市过度投机与实体经济关系是一个较为新颖的研究，与之直接相关的文献并不多，这可能导致本书在理论分析和逻辑结构等方面存在不够合理和精辟的情况。

（3）本书对于经济“脱实向虚”的分析侧重于实体企业的分析，而非实体企业由于相关数据的缺乏，未能对其进行有效分析，使本书在完整性和客观性有所欠缺，这有待相关数据公开后进一步补充和完善。

（4）本书在实体企业指标上采用了融资约束、投入、产出和生产效率，虽然能够在很大程度上反映实体企业的状况，但实体企业发展状况的指标还有很多，这有待本人在今后的研究中继续探索。

第2章　文献综述与述评

2.1　股市投机研究综述

2.1.1　传统金融投机理论

股市投机行为中关于传统金融理论的相关研究主要有“空中楼阁”理论和有效市场理论。

(1)“空中楼阁”理论。

“空中楼阁”理论由经济学家凯恩斯（Keynes）提出，凯恩斯主要运用心理学观点解释股票投机行为，认为股票的未来收益应由股票价值决定，想要在长期内准确预测股票收益存在一定的困难，所以投资者会采用一系列短期预期替代长期预期，而且投资者在预测未来收益时会遵循这样一条规定：假定现状会无限期的持续下去，但有特殊原因使未来预期发生变化除外。换言之，股票价格不是由内在价值决定，而是由投资者心理决定的，因此，股票价格处于虚幻缥缈不定状态，这也是该理论被称为“空中楼阁”理论的主要原因。

根据“空中楼阁”理论，投资者可以不必为未来投资是否亏损而烦恼，只要这条不成文规定不被打破，他就会有机会在短期内、现状未发生太多变化下就改变预测，修改投资计划，因为他认为短期投资是非常安全的，而在长期内的所有短期中，这种想法也不会改变。对一般投资者是这样的，而对于专业投资者同样适用，这是因为专业人士关注的是在这个成规下比一般投资者更早预测到市场对新变化的反应，而不是比一般投资者更能准确预测到整个生命周期中产生的收益有多少。凯恩斯用选美比赛来解释投资者的这种行为，假设选美比赛组委会公布了100个参选者照片，参赛者需要从中选出最美的6位，其中票数最高的参赛者将会获得颁奖，为了在这种竞赛规则下赢得胜利，所有参赛者会根据自己推断其他人的审美观点来投票，而不是根据自己的审美标准进行评议，因此，为了获奖，参赛者必须与大众的偏好保持一致。与此类似，在股市投资中，专业人士如果希望从投资中盈利，也必须知晓并顺从一般投资者的思维方式，投资者选择某些投资，是因为他认为该投资具有一定的价值，认为投资对象可以以更高的价格转卖给其他投资者，于是股票投资就演变成了一场“博傻”游戏：投资者购买股票时没有必要分析该股票究竟值多少，或者在未来收益如何，而只需要关心是否有人愿意以更高的价格将它买走，所以在股市投资中，所有人买进股票时都必须且愿意接受暂时傻瓜的角色，而只要有更傻的投资者接替他的傻瓜职务，使其所持有的股票顺利出手，他就晋升为聪明人。这种游戏像击鼓传花一样接力传递下去，当鼓声停下的那刻，最后那一棒也就变成了真正的傻瓜。这个时候股价开启下跌模式，而傻瓜们也开始了“割肉竞赛”。基于上述分析，凯恩斯认为股票价格是股市平均预期收益的代表，遵循成规得到的股票价格，只是一群盲目投资者心理变化的产物，而当群意突然发生变化，股票价格自然也会产生剧烈波动。

目前，“空中楼阁”理论在投资领域应用广泛，其要点可以总结为：股票价格决定因素、投资预期、投资顺势、股票剧烈波动成因、股票价格与心理以及股票与博彩。

（2）有效市场理论。

有效市场理论是现代金融学理论的重要基石，资产定价模型（CAPM）、套利定价模型（APT）等金融投资理论都是在有效市场理论基础上发展起来的。有效市场（efficient market）概念由尤金·法玛（Eugene Fama）提出，认为在有效市场中，存在大量以利益最大化为目的的理性投资者，为了能够准确预测股票未来价格，他们积极参与竞争，而所有参与者均能够比较容易获得当前市场重要信息。在一个有效市场上，众多聪明投资者积极参与竞争的结果是：在任何时候，股票价格不仅反映了所有正在发生的事情，还反映了市场预期会发生而暂时未发生的事情。法玛在 1970 年对有效市场概念进行深化，正式提出有效市场假说（efficient markets hypothesis），指出如果股票价格是对全部已知信息的反映，那么这样的证券市场就称为有效市场。根据这一假说，投资者在交易股票时能够快速利用搜集到的信息，而所有的可能影响股票价格的因素都已经反映在了股价中，因此，技术分析在有效市场中注定是无效的。

根据股票价格中包含的已知信息的差异，有效市场假说的形态可以划分为弱势有效市场假说、半强势有效市场假说和强势有效市场假说。其中，弱势有效市场假说认为股票价格反映了所有历史股价信息，具体包括成交价、交易量、卖空金额以及融资融券相关信息等。如果该假说成立，股票技术分析注定无效，但基本分析还是能够让投资者获得超额收益。半强势有效市场假说认为股价已经反映了公司营运前景的全部公开信息，具体包括成交价、交易量、公司盈利资料、管理状况以及其他可公开的财务信息，如果投资者能够迅速捕获这些信息，股票价格会快速做出反应。如果该假说成立，基本分析也将会失去效用，但内幕信息还是能够让投资者获得超额收益。强势有效市场假说认为股票价格反映的公司营运信息不仅包括已经公开的，还包括未公开的即内幕信息。如果该假说成立，任何方法都不能使投资者获得超额收益，即使是机构投资者和内幕信息拥有者也一样。

在有效市场理论假设下，投资者都是“理性经济人”，所有上市企业均处于“理性经济人”严格监视下，“理性经济人”每天积极进行基本分析，以期可以从企业预期收益中评价股票价格，将其未来价值折算成现值，并在风险和收益中做谨慎取舍。与此同时，股票价格反映了“理性经济人”之间的供求均衡，即买方人数和卖方的人数相等，而对股票价格高估与低估的投资者的人数也正好相等，只要市场存在套利机会，投资者就会立即买入或卖出股票使股票价格恢复到均衡状态。而当市场中出现利好或者利空消息时，股票价格也会迅速对其做出反应，上涨或者下跌到适当的价位。由此，我们做出推论：在有效市场中，股票价格曲线上任意一点均能准确反映该时点的全部信息，因此，如果股票市场属于有效市场，那么市场中反映了任何一只股票的实际交易价格，并且已经全部反映了该股票价值，该价值也可以通过上市企业的信息来解读。换言之，以获取价差为目的的短期股市投机行为是客观存在的，但从长期看，这种投机行为是不存在的，这是由于有效市场能够迅速恢复股票价格异动，以反映股票的真实价值。

理论而言，有效市场假说备受关注，但要付诸实践却存在一定困难。这是因为资本市场不像有效市场假说要求的那般和谐、有序，投资者不是完全“理性经济人”，而套利者也不能完全消除股票价格的异常波动。

2.1.2 行为金融投机理论

股市投机行为中关于行为金融理论的相关研究主要有股市信息处理错误、“羊群”效应和噪音交易。

(1) 股市信息处理错误。

错误的信息处理可能导致投资者对事件和相关收益的真实概率分布误估，进而引发股市参与者投机行为。对于信息处理错误的原因，行为金融学家给出了四种解释。第一，预测错误。Kahneman 和 Tversky（1972，1973）的研究表明，人们对事情的预测通常基于当前状态而不是过往经验，在信息不确定时极易做出错误估测。Thaler 和 Bondt（1990）指出，极端期望收益可以解释市盈率效应。当投资者预测企业未来会产生较高收益，这种预测收益经常比企业未来实际收益高得多，导致投资者对股价错误估计，诱发更多的投资者参与股市投机。第二，过度自信。这主要指投资者通常会高估自己的预测准度，过分相信自己的能力。Barbe 和 Odean（2001）分析了证券账户中不同性别投资者的交易和收益情况，发现男生的股票交易活跃度比女生要高很多，这与结构心理学阐述的男生更易过度自信的结论一致。此外，研究还发现，过度自信投资者在股市中对自己的认识误差和预测不准确度经常会被低估，并且倾向于投机套利。第三，保守主义。保守主义是诱发股市投机的一个重要原因。保守主义投资者的主要表现是对股价的异动反应太过迟钝（保守），这或许是投资者对企业信息不了解，认为股价对新信息的反应只能是渐进的。这种认识误差使股市套利机会的持续时间延长，进而诱发股市投机。第四，对样本规模和代表性的忽视。投机者一般不会考虑投资对象规模的大小，估测时将小样本与大样本同样处理，将其作为整体的代表，并据此估算未来的收益情况。显然，这样得出的结论与未来实际收益肯定会产生较大偏误，即产生处理信息错误，引发股市投机动机。

(2)“羊群”效应。

“羊群”效应是导致股市投机行为的一个重要因素。Scharfstin 和 Stein (1990) 提出了声誉“羊群”效应理论，认为“羊群”效应是跟随者为了维护自己声誉而忽视自有信息，选择盲目模仿他人的行为，显然，这种行为违背了贝叶斯后验分布规则。Lakonishok 等 (1992) 以共同基金为研究对象，提出了基金“羊群”效应理论，认为基金管理者与个体投资者一样，拥有相同的平均证券概率分布，但这是各种投资决策综合的结果。Devenow 和 Welch (1996) 对金融市场的“羊群”效应进行总结，阐述了“羊群”效应的经济性。他们认为“羊群”效应引发了群体系统性错误，并且这种错误是在群体中不同个体间相互感染而产生的。Bikhchandani 和 Sharma (2000) 认为“羊群”效应是指投资者在投资交易中学习和模仿他人的行为，导致他与其他投资者购买完全一样的股票。尽管投资者在探知其他投资者交易决策前已经拥有了自己的投资计划，但当他一旦了解其他投资者的购买记录就会选择放弃自己原先的投资行为模式，这种交易行为相当于有意识的模仿。关于“羊群”效应产生的原因，Bikhchandani 和 Sharma (2000) 认为不完全信息、声誉以及报酬结构等都是“羊群”效应产生的原因。Hirshleifer 和 Teoh (2003) 从社会学角度对“羊群”行为进行分析，认为投资者的思想、感情和行为都会受到其他投资者的影响，并通过语言对其他投资者的行为产生影响，这种影响机制具体包括完全理性学习、准理性以及对个人决策毫无帮助的更新。此外，对于“羊群”效应的种类，按照理性假设的不同可以分为理性“羊群”效应和非理性“羊群”效应。其中，理性“羊群”效应是指投资者对可获取的信息、支付外部性以及行为主体的激励等因素综合考虑后，决定模仿其他投资者的交易策略，认为参与“羊群”是最好的决策。而非理性“羊群”行为是与理性“羊群”效应完全相反的一种投资交易策略，投资者参与“羊群”不是从个人利益角度考虑，仅仅是一种盲目的模仿行为，完全忽视了理性分析。

(3) 噪音交易。

从历史上的泡沫事件可知，投资者并非总是理性的，非理性行为可以较好解释这些泡沫现象，并且理性预期假设自身存在缺陷。噪音交易理论是理性预期假设和有效市场假设被不断质疑中发展起来的，噪音交易理论认为证券市场同时存在套利交易者和噪音交易者，这两类投资者性质不同但相互作用。其中，套利者是理性预期的，其投资决策是依据基本因素和信息而得出的，而噪音交易者对市场的预测可能会产生系统性偏误，其投资决策是依据投资理念和自认为有用信息而得出的。要在实践中将两者严格区分开来存在困难，但理论上却是清晰的，套利投资使市场价格回归基础价值。此外，在有效证券市场中，股票价格与实际价值间存在偏差，这个偏差就是噪音，但有效市场理论认为噪音交易是不存在的，噪音仅仅是一个均值为零的随机干扰项，在长期内，股票价格会恢复其内在价值，噪音也会消退，市场中的噪音交易者也会因“市场选择”而消失，市场最终由理性交易者主导。

20 世纪 80 年代起，行为金融学的兴起和信息经济学的广泛应用使噪音交易的关注度提高，经济学家以此为契机探索噪音交易理论的形成原理，由此分析噪音交易对股票价格、交易者行为以及其他市场要素的影响。经济学家发现证券市场中存在大量噪音和噪音交易者，并且对市场产生很大影响。Black（1986）认为噪音交易者在没有获得准确市场信息条件下，经常会认为自己搜集的信息是无误的，并据此做出非理性交易行为。因此，噪音交易者对市场的预测可能存在系统性偏差，做出的交易策略通常也是过激或者具有正反馈，这类交易还会对市场的变化产生自强化机制，使股票价格的波动更剧烈。De Long 等（1990）提出的噪音交易模型（DSSW）对噪音交易理论的形成具有里程碑意义。DSSW 模型重点强调了噪音交易者的风险，实际上揭示了噪音交易一种重要的来源。即噪音交易者获得的信息存在质量问题，使投资者对资产风险的认识存在系统性偏误，进而使交易过度或者不足，并影响风险资产的价格，而噪音交易者的行为对资产价格的影响则是基于理性投资者的短期套利活动，由于投资期限较短，一旦遇到风险，理性交易者的资产价格会迅速恶化，导致投资者收益由盈利转为亏损。

2.1.3 中国股市投机研究综述

关于中国股市投机的研究主要集中于股市投机存在性、股市投机的原因和股市投机的治理三个方面。

（1）中国股市投机存在性的研究。

马洪朝（2001）采用上证指数和深证指数的月度超额收益率考察中国股市投机性，研究结果显示，中国股市波动幅度较大，在股市刚成立的几年表现得尤为明显，此外，在短期内深证市场同样存在市场剧烈波动的情况，并且深证市场的股价波动幅度大于上证市场，由此认为中国股市存在较强的投机性。孟庆福（2003）运用市盈率、股价指数波动幅度、换手率和风险偏好构建综合指数测度中国股市投机程度，研究结果表明中国股市存在投机过度，并且利用综合评价法得到结论与中国股市实际运行情况一致。阎敏和黄红军（2005）构建股市投机模型并通过变价收益比分析中国股市投机程度，实证结果表明中国股市不仅存在严重的投机行为，还存在比较严重的非理性和非合理投机行为，并且部分投机行为是非法的。林爱华和梁新潮（2008）分别采用市盈率、换手率、市净率、股指波动幅度测度中国股市投机程度，研究结果显示中国股市市盈率虚高，换手率过高、市净率偏高和股价指数波动幅度太大，因此，存在过度投机行为。徐小君（2010）以公司特征风险中的股票个体波动和个体偏度考察中国股市投资者的投机行为，发现中国股市投机性严重，并且投资者热衷于公司特质风险较大的彩票型股票，对这类股票经常估价过高，进而导致其随后获得的收益过低。吕江林和曾鹏（2012）从派息率、股息率、换手率、财富效应和托宾 Q 效应等指标考察中国股市投机情况，发现中国股市很少现金分红、换手率虚高，财富效应和托宾 Q 效应均非常弱，表明中国股市缺乏价值投资，投资者偏爱短线操作而不是长期投资，是一个投机占主导的市场。余湄等（2013）运用方差分解法考察中国股市投机泡沫并以 2005～2012 年上证指数为研究对象，发现中国股市在 2005 年 5 月到 2007 年 12 月存在严重的投机泡沫，而从 2008 年 1 月到 2012 年 9 月，市场泡沫恢复到正常水平。马丽（2015）采用 CSSD 和 CSAD 模型测度中国股市“羊群”效应并以上证 180 指数和构成上证 180 的样本股为研究对象，发现中国股市总体上不存在显著“羊群”效应，仅在下跌时出现“羊群”效应，并且极易给下跌的股市推波助澜，导致市场更为剧烈的下跌。李海奇等（2017）通过构建时变系数 LMSW 模型研究中国股市投机行为的动态变化并以上证指数、深证综合指数和沪深 300 指数为研究对象，发现在几次大牛市行情中均出现了过度投机，投机交易主导了牛市起点到牛市结束这段时间，但近几年股市出现了反常，即使市场处于熊市阶段，投机交易仍占据了主导地位。姚禄仕和吴宁宁（2018）运用LSV模型对中国股市投资者的“羊群”行为进行研究，发现机构投资者比个人投资者更具有“羊群”行为倾向，而个人投资者仅“大户”表现出“羊群”效应倾向。此外，研究还发现不同机构投资者在不同季节，“羊群”效应的倾向存在较大差异。

（2）股市投机的原因。

马洪朝（2001）认为预期和信息是导致股市投机的重要因素。投机者的投资需求是依据过去实现的收益推测而来的，并且投资者获得的信息掺杂了较大比例的噪声，但投机者还是会依据这些噪声信号进行交易。此外，中国股市普通股民投资表现不成熟，喜欢打探消息却又不能获得准确信息，自身预测和分析能力缺乏，交易行为具有盲目性，符合投机者的特征。李浩（2004）对中国股市形成非理性的原因探析，认为不合理的交易制度误导了投资者对市场未来收益的理性预期，政府不合理的政策使股票价格与内在价值的吻合机制被割裂，而监管者对股市操纵的纵容使理性市场难以形成。赵守国（2008）对中国股市过度投机的成因进行分析，认为中国股市是一个新兴转轨的市场，金融监管不够完善和制度建设缺陷是股市暴涨暴跌的主要原因。一方面，监管机构对证券市场的监管缺乏统一性，重大影响政策缺乏连续性，甚至相互矛盾；另一方面，中国股市还没有引入做空机制，使只有当股价上涨投资者才能盈利，而下跌时只能亏损，产生了严重的“单边市”现象，进而导致股市暴涨暴跌。陈建华（2009）认为股市过度投机的原因主要有两个：其一，上市企业经营环境变化或者没有及时披露重大信息使投资者对股票投资价值的判断出现严重失误；其二，机构投资者对股价的操纵和投机心理驱使下，股票价格偏离投资价值。谭洪涛等（2011）的研究结果表明企业公允价值是引起股市过度反应的重要因素，在不完美市场中，会计信息具有相关性。当股市上涨时，上市企业资产或负债价值变化会以公允价值损益的形式反映到资产负债表和损益表中，而投资者有限理性形成的“追涨”会促使其提高该资产的卖出价格，新的资产价格再次通过公允价值损益的形式反映到资产负债表和损益表，如此反复循环，形成公允价值的“循环反馈渠道”，最终导致股市过度向上反映，形成泡沫，而在股市下跌时，公允价值的循环效应则可能引起股市过度向下反应，甚至可能产生系统性风险。冯锐和周翔

(2014) 运用事件分析法分析中国股市投机行为，结果显示司法干预是引起中国股市过度投机的重要原因，这是由于内幕信息的治理通常是建立在内部治理基础上的，而司法介入是独立的外部力量干预公司内部治理需要合理的理由。宫玉松（2017）认为导致中国股市泡沫的因素错综复杂，并且在不同时期主要因素存在差异，但具有决定性作用的因素一直是制度问题，制度问题是导致中国股市泡沫的症结所在，集中表现在退市制度疏导监管制度和地方政府过度保护行为的干扰，同时也是绩差股受投机者热捧的原因所在。李海奇（2017）对中国不同时期股市投机原因进行分析，认为股权分置改革和人民币升值是 2005～2007 年大牛市行情的主要原因，而推动 2015 年牛市行情的因素有融资杠杆化、政策监管不当、股指期货市场失效以及卖空交易机制的不完善。

(3) 股市投机的治理。

谢识予（2002）对股市投机的原因和治理政策分析，认为引入信用交易制度有利于股市趋于稳定，而证券空投缺位会产生降低分化型和强化组织现象，使股市暴涨的概率剧增，这也是中国股市出现严重投机泡沫的重要原因，此外，应该禁止媒体对股市的误导导向和严厉打击股市操纵等违法行为。阎敏和黄红军（2005）认为为了抑制中国股市投机行为，降低市场非理性和不合理行为，首先，应该完善信息披露制度，确保相关信息的发布能够及时和准确；其次，加强投资者的培训，引导理性投资，避免不合理和非理性投机；最后，大力发展投资基金，吸纳市场闲散投资，提高投资效率，降低非正常投机对市场的冲击。赵鹏和曾剑云（2008）研究如何促进股市繁荣的同时抑制过度投机行为，认为流动性过剩和银行利率偏低使大量资金流入股市寻求高回报，导致股市供需严重失衡，因此，股市应该适当扩容，增加质量优良股票的供给，调和股市的供求关系，优化市场资源配置以化解股市投机泡沫。赵守国（2008）认为为了维护中国股市健康发展，治理过度投机行为，应该引导资金长期入市，鼓励机构投资者长线投资，减少股市的异常波动，完善股市内在稳定机制。例如，鼓励基金公司和其他理财机构的发展，提高 QFII 的投资限额，增加社保基金、保险供给以及保险公司投资股市的比例。曹栋（2011）认为中国股市泡沫化严重，使股市功能存在缺陷，不利于社会经济稳定发展，因此，应该采取有效措施，促进股市健康发展。同时他提出了三个政策建议：首先，发挥股市主体作用，降低政府不必要干预；其次，完善股市机制建设，规范股票发行人、投资者、证券公司等的行为；最后，构建完善的法律法规体系，加强股市行政监管和自律管理。冯锐和周翔（2014）认为应该从多个层面防范司法干预引起的股市过度投机，就地方政府而言，应该尊重市场规律，对国有企业的保护不能父爱主义泛滥；就司法部门而言，应该保持司法独立性，同时应与行政部门和内部机关间保持和谐关系；就司法考核体系而言，构建科学合理的司法业绩考核体系，严惩有损司法独立的违法事件。宫玉松（2017）认为中国股市泡沫的症结在于退市制度，为有效解决退市制度问题，首先，应该加快股市市场化改革，降低行政干预和地方保护，发挥股市主体作用，约束阻挠企业正常退市和破坏市场规则的行为；其次，监管机构应转变重上市轻退市的理念，将上市与退市放在同等地位，同时规范证券交易所行为，督促其承担应有的责任；最后，增加上市企业现金分红比例，并鼓励企业回购自己股份。石广平等（2018）认为为抑制股市投机泡沫，引导证券市场健康发展，应该首先，优化投资者结构，鼓励个人投资者通过购买基金的形式进入股市，提高市场运行效率；其次，引导投资者理性投资，降低非理性投资炒作，避免自信心过度膨胀；再次，构建市场流动性预警体系，改善投资交易环境；最后，建立完善的信息披露体系，强制要求所有杠杆制产品及时、准确进行信息披露。

2.2 虚拟经济与实体经济研究综述

2.2.1 国外研究

国外学者关于虚拟经济对实体经济影响的直接研究较少，已有文献主要集中于金融与实体经济的关系，资产泡沫与实体经济的关系。

（1）金融与实体经济。

关于金融与实体经济的关系主要形成以下三种观点：

第一种观点是金融支持实体经济发展。Schumpeter（1912）首次提出金融发展理论，肯定了金融对经济增长的积极作用。他认为金融部门可以通过风险管理、参与投资、监督管理者等方式为经济增长提供动力，同时指出功能完备的银行机构有助于资金从非生产部门转移至生产部门，并通过支持企业研发提升企业创新能力和技术进步，促进经济增长。Goldsmith（1969）基于金融结构视角探讨了金融与经济增长的关系并提出了金融结构和金融发展概念，认为金融结构变化是金融发展的主要特征，合理的金融结构可以促进社会资本合理配置，促进经济长期稳定增长。Levine（1997）系统归纳了金融的功能及其对经济增长的作用机制。他认为金融具有风险管理、信息披露、公司治理、动员储蓄和交换等功能，金融发展内生于经济增长，并且金融发展与经济增长之间通过金融功能产生互动。此外，金融通过各项功能促进经济增长，经济增长反过来又会带来新的金融需求，推动金融发展。Morales（2003）通过创造性破坏增长模型构建金融发展指标，分析金融发展与经济增长的关系，发现金融发展提高了金融机构监督水平，使资本能够得到有效配置，进而对经济产生积极影响。但是，资本的积累使生产技术被替换的风险增加，而技术更新过程中又可以通过创造性破坏降低经济增长速度。Cochrane（2005）通过CAPM模型分析投资回报率、资金积累与经济增长的关系。他发现市场透明度增加使企业融资成本降低，企业获得信贷资金的难度降低，产生更高的投资回报率，激励企业增加生产规模以获得更多收益，促进资本积累和实体经济发展。Kassim（2016）以1998～2013年马来西亚季度数据为研究对象，采用ARDL方法检验金融对实体经济发展的影响，研究结果显示银行和其他金融机构规模的增加，能够通过有效集资引导投资方向，发挥金融中介作用，促进实体经济发展。

第二种观点是金融与实体经济发展背离。Mckinnon（1973）将利率引入金融发展理论，系统分析了发展中国家金融发展与经济增长的关系，提出金融抑制理论。他认为发展中国家受自身原因的限制，原本适用于发达国家的一些金融理论和政策不一定适用，在发展中国家金融体系中，存在传统金融结构和现代金融结构并存、货币化程度低、金融市场发展滞后、政府对金融领域管制严格等问题，使金融与经济发展之间形成恶性循环。此外，政府利率管制降低了信贷资金配置效率，使货币资金持有期收益降低甚至为负，微观经济主体舍弃货币资产，持有实物资产，制约资本集聚，导致投资降低，抑制经济增长。Johnathan（1994）提出了金融发展的

“倒金字塔”理论，该理论认为金融业具有交易成本低的特点，易于吸引投资者进入金融市场，促进金融业快速发展，但资金过多流入金融领域，导致实体领域投资不足，抑制实体经济发展，金融与实体经济的发展状况犹如“倒金字塔”。这同时也表明金融业和实体经济很容易出现背离，金融业发展快于实体经济时，金融不仅不能服务实体经济，还会抑制了实体经济发展。Bordo（2008）基于历史视角分析了2007～2008年美国金融危机，认为经济危机是经济周期的一部分，这次金融危机与过去发生的类似，都是由一些具体金融事件引起的，并指出这次金融危机爆发的根本原因是金融监管放松了，金融产品数量和种类日益增加，使金融业膨胀速度远快于实体经济，进而引发了金融危机。Rousseau 和 Wachtel（2011）以1960～2004年美国数据为研究对象分析了金融危机产生的原因，发现金融危机产生与金融深化对经济增长的抑制作用高度相关。金融过度深化和信贷过快增长引起通货膨胀和银行系统疲软，进而使金融规模扩张和经济增长反向背离，最终导致金融危机的爆发。此外，研究还发现金融过度深化是20世纪80年代末和90年代初法律和监管缺乏引致广泛金融化的结果。Arcand 等（2013）在模型中引入信贷配给和内生违约风险，发现政府建立的隐性安全网尽管可以规避信贷违约风险，但也迫使金融机构释放更多的市场风险，企业破产预期降低，金融部门发展规模远超社会最优水平，金融服务实体经济的效率降低，阻碍实体经济长期可持续增长。

第三种观点是金融与实体经济的关系不确定。Zilibotti's（1994）以人均收入为门槛变量构建门槛模型，并按人均收入高低将市场分为“厚”“薄”市场。发现“厚”市场的中介成本低，有利于资本配置改善和经济持续增长，而“薄”市场的中介成本高，降低了资本配置效率，抑制经济增长。Deidda 和 Fattouh（2002）构建两期世代叠加模型探讨金融发展与经济增长存在的非线性关系，发现两者间存在以人均收入为门槛变量的门槛效应，在高于人均收入的国家中，金融发展促进经济增长，而在低于人均收入的国家中，金融发展对经济增长的影响不显著。Rioja 和 Valev（2004）使用 GMM 动态面板模型并以74个国家跨国数据为研究对象，发现金融发展对经济增长的影响因金融发展水平不同而不同。其中，在金融发展水平较低的国家，金融发展对经济增长的作用方向不明确。在金融发展水平中等的国家，金融发展促进经济增长。在金融发展较高的国家，虽然金融发展促进经济增长，但这种影响很微弱。Fang 和 Jiang（2014）运用空间计量模型检验金融发展与中国经济增长的关系，重点考察银行业、保险业和证券业对第一、第二、第三产业的影响，发现中国各省区市经济增长显存在显著空间依赖性，而进一步的研究显示，银行业和保险业对经济增长具有显著促进作用，而证券业对经济增长的影响方向并不明确。Ibrahim 和 Alagidede（2017）以 1980～2014 年 29 个国家的跨国数据为研究对象，发现金融发展与经济增长间存在门槛效应，当人均收入、人力资本等经济变量高于门槛值时，金融发展促进经济增长，而当人均收入、人力资本等经济变量处于较低值时，金融发展对经济增长的促进作用不显著。

（2）资产泡沫与实体经济。

关于资产泡沫与实体经济关系的研究，已有文献主要形成以下两种观点。

第一种观点是资产泡沫可以缓解市场经济中的扭曲行为，促进实体经济增长。Tirole（1985）认为资产泡沫是缓解经济动态无效率的一种重要工具，在均衡状态下，资产泡沫可以吸收部分储蓄资金，使企业融资成本增加，挤走一些无效率投资，进而使经济恢复到动态有效率的黄金率水平。换言之，资产泡沫降低了 OLG 中的市场不完全行为，完善了金融体系，消除了投资中的动态无效率部分，促进经济增长。Martin 和 Ventura（2012）将企业异质性引入模型框架，从微观层面分析资产泡沫与经济增长的关系，发现资产价格受投资者对未来市场预期的影响，当投资者看好未来市场时，资产价格会上涨，企业资产净值增加，企业面临的融资约束降低，进而提高了资本配置效率，促进资本积累和消费增加。而当投资者对未来市场预期悲观时，资产价格下跌，资产净值降低，企业面临的融资约束增加，资本配置效率降低，导致资本流失和消费降低。此外，研究还发现，在信贷约束条件下，资产泡沫可以促使信贷资金在企业间产生资本再配置，提升经济总体效率，促进经济增长。Ventura（2012）发现资产泡沫不仅可以影响企业间的信贷资源再配置，还会影响消费品和投资品间的资源再配置。而对消费品和投资品进一步区分发现，资产泡沫导致非生产性投资降低，投资品价格降低，但生产率高领域的投资会增加，引导资本从非生产性领域流向生产率高的领域，进而导致产出增加和经济增长。

第二种观点是资产泡沫加剧经济波动和扭曲行为，不利于实体经济增长。Keynes（1936）认为金融市场投机活动不利于资本向生产性领域流动，资产泡沫加剧挤占了生产性企业资本积累，使实体经济实际生产率降低。此外，资产泡沫的价格传导机制不能使生产率高的项目得到融资，投资者的决策由市场预期决定，投资者财富中的绝大部分均会用于金融资产积累，以备未来消费之需，只会给实物配置一小部分。因此，在货币供给总量既定下，市场投机活动使资产泡沫加剧，实体领域投资降低，市场总需求降低，抑制实体经济增长。Minsky（1986）将凯恩斯理论付诸实践，基于预期不稳定视角分析金融市场与经济增长的反馈机制，并提出了金融不稳定假说，认为金融不稳定是实际投资机会和债务不匹配引起的。当经济处于繁荣期时，投资者的未来预期偏高，融资双方均会低估市场风险，导致融资方债务增加，资产价格上涨。而当融资方的债务负担超过投资收益时，金融资产结构会变得异常脆弱，一旦出现资产缩水，融资主体会因债务过重而发生违约行为，此时，金融机构会压缩信贷规制以降低风险，使资金流动性降低，投资者悲观情绪弥漫，资产价格暴跌，导致经济持续低迷。Farhi 和 Tirole（2012）认为在货币供给总量既定条件下，资产泡沫会分流走部分储蓄资金，使实体企业投资降低，不利于实体经济发展。尽管泡沫资产可以用于抵押贷款使企业面临的融资约束减少和挤出效应降低，但也可能会导致实体企业投资水平低于社会最优水平。这是因为资产泡沫会降低资本配置效率，使资金从实体经济部门流出，流向房地产和证券，进一步推高资产泡沫。并且在“挤出效应”居于主导地位时，资产泡沫会吸引更多的投机者和资产保值投资者，使虚拟资产投机盛行，而实物投资不足，生产部门萎靡，资本配置效率降低，实体经济长期增长动力不足。

2.2.2 国内研究

国内学者对虚拟经济和实体经济关系的研究主要从亚洲金融危机爆发以后开始，已有研究主要从理论分析和实证计量检验两个层面展开。

（1）虚拟经济与实体经济的理论分析。

刘骏民（1998）基于虚拟经济功能视角探讨虚拟经济对实体经济的影响。他认为虚拟经济的各项功能对实体经济具有积极作用，其中，虚拟经济的货币职能使虚拟经济规模扩张，进而拉动实体经济增长，流动性储备池职能有利于减缓物价波动，资源配置职责提高了实体经济效率，信息披露职能降低了实体经济摩擦。李晓西（2000）认为虚拟经济与实体经济相互依存、相互制约。实体经济是虚拟经济发展的基础，虚拟经济为实体经济发展服务，与此同时，实体经济发展离不开虚拟经济，虚拟经济扩张促进了实体经济发展。一方面，金融深化和金融自由化提高了资本配置效率，降低了实体经济运营成本，促进实体经济稳定增长。另一方面，虚拟经济自身发展为社会分担了就业问题，促进第三产业发展，有利于经济增长。王爱俭（2003）认为虚拟经济对实体经济的影响存在正反两方面。就积极方面而言，一方面，虚拟经济可以吸收社会闲散资金，为实体经济发展提供资金；另一方面，虚拟经济缓解了实体经济信息不对称，提高实体经济运行效率。就消极方面而言，虚拟经济的信用特征使实体经济的不确定性和风险增加，而如果虚拟经济过度膨胀则可能导致严重金融危机。孔杰和欧大军（2004）认为虚拟经济与实体经济相互区别和联系。虚拟经济具有一定的独立性，虚拟资产价格上涨并不意味着现实资本增加，在经济繁荣期，虚拟资本和现实资本积累走势通常是一致的，但在经济萧条期，虚拟资本积累增加，则可能导致生产资本减少，抑制实体经济发展。刘维刚和张丽娜（2006）认为实体经济是虚拟经济发展的基础，虚拟经济的基本目标是支持实体经济发展，但实体经济不能离开虚拟经济独立发展，两者必须协调发展。此外，适度规模的虚拟经济有助于资本集聚、资源配置、制度创新、风险分散等功能的发挥，为实体经济发展提供帮助。潘研研（2008）认为实体经济是虚拟经济产生的基础，实体经济发展由自身生产力和产业结构决定，虚拟经济对实体经济影响不大。即使虚拟经济发生崩溃也不会对实体经济产生很大影响，因为投入虚假经济的资金并不是实体经济的全部财富，仅仅是压缩了的部分投资，实体经济仍可以从其他领域获得融资并凭借良好的结构继续从事生产。罗良清和龚颖安（2009）认为虚拟经济对实体经济的作用犹如一把“双刃剑”。一方面，流动性不足和生产过剩会导致失业增加，实体经济陷入长期衰退；另一方面，与实体经济相匹配的市场流动性则可以促进资金融通和资源优化配置，改善实体经济融资环境，推动实体经济长期稳定发展。沈磊（2011）认为虚拟经济和实体经济是矛盾、促进的辩证关系。一方面，虚拟经济通过证券化、价值化等方式实现资本流动，优化资产结构，提高资源配置效率，促进实体经济发展；另一方面，虚拟经济扩张会吸收社会资金，产生经济泡沫和通货膨胀，阻碍实体经济发展，甚至可能诱发经济危机。杨继国（2013）认为虚拟经济与实体经济是完全对立的，虚拟经济拥有独特的运行规律，即供给与价格负相关，需求与价格正相关。此外，虚拟经济加剧了投资行为和资产泡沫，使经济的稳定性降低，并且虚拟资本再分配机制又会产生新的不平衡。因此，虚拟经济是资本主义经济发展的必然阶段，是解决资本过剩的一种重要方式，但同时也是资本主义经济危机产生的重要因素，社会主义市场经济应尽量避免虚拟经济的破坏。何玉长（2016）认为人类社会已经从实体经济的单一发展模式过渡到了实体经济与虚拟经济并存的二元发展模式，但实体经济在经济体系的基础性作用以及生产性劳动为社会发展提供物质支持一直没有改变。虚拟经济和非生产性劳动对经济发展发展固然重要，但不能替代实体经济和生产性劳动，必须优先发展实体经济并善待生产性劳动。陈健（2018）认为虚拟经济和实体经济都是国民经济的核心，但只有虚拟经济和实体经济协调发展，才能为经济增长方式转换助力，实现经济高质量发展。社会上对虚拟经济的认识主要存在两个误区：一是夸大了虚拟经济的作用，对其重视程度超过了实体经济；二是将虚拟经济直接等同于投机，并且认为经济泡沫也是虚拟经济。

（2）虚拟经济与实体经济的计量检验。

何宜庆和王浣尘（2004）以中国 1978～2002 年年度数据为研究对象，运用 OLS 方法研究虚拟经济与实体经济的关系，研究结果表明虚拟经济发展对农业部门和工业部门的影响差异较大，虚拟经济在 GDP 比重增加可以促进农业部门劳动生产率提升，但降低了工业部门的劳动生产率。因此，虚拟经济可以缓解实体经济二元性。王国忠和王群勇（2005）以美国 1919～2004 年月度数据为研究对象，采用动态多元 GARCH 模型考察了虚拟经济与实体经济的相关性及动态变化，发现虚拟经济与实体经济的发展是一个虚拟化过程，第二次世界大战前两者的相关性逐渐减弱，但从 20 世纪 80 年代开始，虚拟经济与实体经济间呈现出明显的独立特征。王爱俭和陈杰（2006）以中国资本市场为研究对象，基于资本效率视角分析虚拟经济发展对实体经济的影响。他们发现中国资本市场存在信息处理效率低下、资金错配严重、非理性投机氛围浓厚等问题，降低了资本配置效率，不利于实体经济发展。因此，有必要对资本市场加以改进，使虚拟经济和实体经济协调发展，提升资本市场服务实体经济的效率。曹源芳（2008）以中国 1998 ~2008 年月度数据为研究对象，采用协整检验、脉冲反应和方差分解等方法分析虚拟经济与实体经济的关系，发现虚拟经济和实体经济长期内不存在稳定协整关系，相互之间都不是对方的 Granger 原因，虚拟经济与实体经济发展是背离的，虚拟经济发展没有以实体经济为基础。王爱俭和林楠（2010）以中美 2000 ~2009 年季度数据为研究对象，采用 VAR、脉冲响应等方法探讨虚拟经济、实体经济与汇率的关系，发现虚拟经济可以使处于较低货币能态的货币得到有效激活，吸收和释放货币能量，以支持实体经济的方式发展社会生产力。周莹莹和刘传哲（2011）以中国 1999 年第一季度至 2013 年第三季度数据为研究对象，运用协整、VAR 等方法考察虚拟经济与实体经济的联动效应，发现短期内虚拟经济对实体经济发展产生负向冲击，但长期内虚拟经济促进实体经济发展，并且这种促进作用随实体经济变化而变化。董俊华（2013）以中国 2005 年 6 月到 2010 年 12 月的月度数据为研究对象，实证检验了虚拟经济与实体经济的关系，研究结果显示，虚拟经济与实体经济发展在短期内出现了偏离，但这种偏离关系在长期内会逐渐消失，最终两者向均衡状态收敛。周莹莹和刘传哲（2014）以中国 1998 ~2002 年季度数据为研究对象，运用协整检验、脉冲响应和方差分解等方法分析虚拟经济对实体经济扩张的影响，发现贷款对实体经济投资扩张在长期和短期内均存在显著影响，股票市场在长期内对实体经济投资影响比债券市场大。文春晖和任国良（2015）采用上市企业 2006 ~2013 年面板数据探讨上市企业终极控制权引致的虚拟经济与实体经济分离的原因。发现享有控制权的实体经济主体偏爱从事生产性经营活动，而虚拟经济主体一旦获得所有权则可能使企业投资异化和资本结构扭曲，进而导致虚拟经济与实体经济分离。马红等（2016）以 A 股 2001 ~2014 年上市企业为研究对象，通过面板模型分析虚拟经济与实体经济发展对企业投资的影响，发现虚拟经济与实体经济发展不协调会使企业投资效率降低，而虚拟经济和实体经济协调发展则可以提升企业投资效率，但对投资规模的影响方向不确定。郑尚植和王怡颖（2017）以东北地区 34 个地级市数据为研究对象，使用面板模型分析在去杠杆背景下实体经济与虚拟经济的发展状况，发现政府适度干预可以使实体经济与虚拟经济协调发展，政府干预则导致实体经济与虚拟经济背离。

进一步的研究还发现，国企比例过高和企业家精神缺失是实体经济与虚拟经济矛盾的主要原因。张前程（2018）以 2000～2015 年各省区市数据为研究对象，运用门槛模型检验虚拟经济与实体经济的关系，发现虚拟经济对实体经济的影响存在双重门槛效应，虚拟经济促进实体经济发展仅集中于虚拟经济处于低于第一和第二个门槛值，而当虚拟经济高于第二个门槛值，虚拟经济抑制实体经济发展。

2.3 股市与实体经济研究综述

2.3.1 国外研究

对于股市是否支持实体经济发展，学者们做了大量探索，取得了丰硕成果。但由于考察对象和研究方法存在差异，得出的结论也不相同。国外已有研究主要形成以下三种观点。

（1）股市支持实体经济发展。Levine（1991）认为股市发展可以鼓励企业投资和减少资本过度流失，促进人均产出稳定增长。此外，股市发展有利于投资者通过分散投资降低风险，提高资源配置效率，加快人力资本积累，促进经济增长。Levine 和 Zervos（1998）使用 47 个国家年度数据并通过资本化率、换手率、交易价值、收益率衡量股市发展，发现股市发展有助于生产项目融资、商品和服务交换，同时吸引更多的资金参与投资。Enisan 和 Olufisayo（2009）以 1980～2004 年 7 个非洲国家年度数据为研究对象，并使用资本化率和交易价值衡量股市发展后发现，整体而言，股市发展促进经济增长，决策者应该通过适当的税收、法律和监管政策组合鼓励股票市场繁荣，以消除股市运行过程中的障碍，从而提高股市服务实体经济的效率。此外，合理的储蓄和投资策略组合可以提高资本市场需求，并使非洲股市更大限度地融入经济体中。Alajekwu 和 Achugbu（2011）以 1994～2008 年尼日利亚时间序列数据为研究对象，运用 OLS 方法考察股市发展与经济增长的关系，研究结果显示以周转率为代表的股市流动性促进经济增长，因此，政府应该制定合理的政策，提高尼日利亚国内投资者的参与热情，推动股市发展。Peress（2014）将股票市场引入新古典经济增长模型考察股市发展对经济增长的影响，发现股票市场允许投资者以具有成本效益的激励方式分享昂贵的私人信息，提升企业全要素生产率，促进经济增长。Nyasha 和 Odhiambo（2016）运用 ARDL 方法考察 1980～2012 年肯尼亚股市发展与经济增长的关系，并通过资本化率、交易价值、换手率构建股市发展综合指标，研究结果显示，以股市为代表的金融市场是推动肯尼亚实体经济发展的主要动力，并且股市发展在短期和长期内均能带动投资增加，促进经济增长。Pradhan（2018）以 G20 国家 1980～2015 年年度数据为研究对象，使用资本化率、交易价值、周转率、上市企业数量等构建综合指标衡量股市发展，发现股市发展促进人均经济长期增长，因此，政府需要发挥积极作用，消除股票市场在增长过程中遇到的一些障碍，集中精力发展股票市场，引导更多投资者参与股市投资，进而促进经济增长。

（2）股市没有支持实体经济发展。Obstfeld（1994）以 1960～1987 年 Penn 世界消费数据和股市交易数据为研究对象，并通过股票交易增长率衡量股市发展，发现股市收益率上升产生的收入效应小于股市对实体经济的挤出效应。Singh（1997）认为股市发展阻碍了大多数发展中国家实现工业化和经济长期增长，并指出股市在定价过程中的固有波动性和任意性不利于投资的合理配置，股市波动也使宏观经济不稳定性增加，在遭遇不利经济冲击后，股票市场和货币市场之间的互动会进一步加剧宏观经济的不稳定性，降低经济长期增长。此外，股市发展可能会破坏发展中国家已有的行业集团——银行系统，进而不利于发展中国家经济增长。Binswanger（2003）分析了美国股市与实体经济的关系，发现从 1984 年开始股市发展与实体经济发生了严重背离。当股市收益高于实体经济回报率时，大量资金从实体经济流入股市，但当股市收益低于实体经济回报率，资金并没有从股市回流实体经济，而只是游离于股市外暂时窖藏起来，因而股市发展抑制了实体经济增长。Larrain（2010）实证检验了 1991～2000 年 90 个国家和地区股市发展对价格和收入的影响，发现股市发展初期确实促进了经济增长，推动非贸易品需求，并提高商品价格和工资收入。但随着时间的推移，股市发展使贸易部门向资本密集型技术部门转移，导致劳动力向服务业迁移，最终使工资和价格均产生下行压力。Owusu 和 Odhiambo（2014）运用 ARDL 方法检验了加纳股市发展与经济增长的关系，发现从长远来看，股市发展和资本账户自由化政策均没有带来加纳经济增长，推动加纳经济增长的动力源自私营部门信贷增加。Amavi（2016）以 11 个非洲发展中国家 1995～2014 年年度数据为研究对象并通过资本化率和交易价值衡量股市发展，采用 GMM 方法实证检验股市发展与经济增长的关系，研究结果表明资本化率抑制经济增长，而交易价值对经济增长的影响不显著。

（3）股市与实体经济的关系因国情而异。Harris（1997）以 60 个国家和地区 1980～1991 年年度数据为研究对象，并通过资本化率衡量股市发展，发现股市发展可以通过提高资本的边际生产率来促进经济增长，但在欠发达国家股市发展并没有为经济增长提供太多支持。Arestis 等（2001）以德国、法国、美国、英国和日本 1973～1998 年的月度数据为研究对象，并通过资本化率和交易价值衡量股市发展，发现股市发展提高了法、德、日三国的生产产出，但对英美两国没有显著影响。Minier（2003）以 42 个国家和地区 1976～1993 年年度数据为研究对象，并通过换手率衡量股市发展，发现股市发展促进金融业发达国家经济增长，但对欠发达国家经济增长的影响并不明确。在这些国家中，开放国家交易所不足以使经济立即产生正增长效应，只有当资本化率达到一定水平才能实现经济增长效应。Ake Boubakari（2010）以 5 个欧元区国家 1995～2008 年季度数据为研究对象，并通过资本化率、交易价值和换手率衡量股市发展，发现在股市活跃的国家，股市发展有利于经济长期增长，而在股市规模小和流动性差的国家股市发展对经济增长的促进作用不显著。Rioja 和 Valev（2014）以 62 个国家 1980～2009 年年度数据为研究对象，并通过资本化率、交易价值和周转率衡量股市发展，发现股市发展没有对低收入国家的资本积累和生产率增长做出任何贡献，但股市发展对高收入国家的生产率和资本增长具有积极作用。

2.3.2 国内研究

国内学者对股市与实体经济关系的研究起步较晚，主要借鉴国外的研究成果及研究方法展开的。与国外研究类似，有关股市是否支持实体经济的理论研究和实证结果同样存在较大争议。

部分学者认为中国股市支持实体经济发展。郑江淮等（2000）以中国

1993～1998 年宏观季度数据和上市企业微观数据为研究对象，并通过资本化率和交易价值衡量股市发展，发现股市发展提高了居民储蓄，改善了上市企业股权结构和治理结构的效率，对经济增长的贡献程度在逐步提升。殷醒民和谢洁（2001）以中国 1993～1999 年季度数据为研究对象，并通过资本化率、交易率、换手率和波动率衡量股市发展，发现股市发展使直接融资占比增加，促进国有企业固定资产投资和企业技术进步，改善投资效率，优化资源配置效率，使全社会劳动生产率得到提高，促进经济高质量增长。刘勇（2004）以中国 1994～2002 年宏观季度数据为研究对象，并通过股价指数衡量股市发展，发现中国股市在一定程度上发挥了"经济晴雨表"的作用，并且股市发展促进 GDP 总量增加。范学俊（2006）采用最大似然协整分析法和中国 1992～2004 年季度数据，并通过流通股市值与 GDP 比值衡量股市发展，发现股市发展优化资源配置效率，提高资金使用效率，有助于经济长期可持续发展。冯根福等（2009）以中国 1993～2006 年省级面板数据为研究对象，并通过单位地区融资额衡量股票融资效率，发现股市融资模式由审批制向核准制演变后，股票市场融资促进产业结构升级得到较好体现，并且股市融资率越高的地区，产业结构升级效应越显著。罗文波（2011）以中国 1991～2008 年省级数据为研究对象，并通过股市累计筹资额与 GDP 的比值衡量股市发展，发现股市筹资对银行信贷具有显著的溢出效应，股票市场促进了经济发展。胡永刚和郭长林（2012）以中国 1998～2010 年季度数据为研究对象，实证检验股票市场对城镇居民消费的影响，发现中国股票市场具有显著的财富效应，并且股价对城镇居民工资收入具有信号传递效应，源自经济基本面的股价变动对消费增长具有长期正向影响，而源自投机的股价变动则没有显著的财富效应。郭丽虹等（2014）以中国 2004～2012 年月度数据为研究对象，发现股市融资额越大，省区市固定资产增加额与固定资产回报率就越高，表明股市有助于增强资源流动性和配置效率，从而推动实体经济发展。钟腾和汪昌云（2017）以中国 1997～2013 年省级数据和上市企业数据为研究对象，并通过各省区市流通股市值与 GDP 比值和上市公司总数衡量股市发展，发现股市发展可以缓解企业外部融资约束，促进高科技企业创新产出。刘威等（2018）以中国 2000～2014 年制造业行业数据为研究对象，并通过资本化率和交易价值衡量股市发展，发现股市发展促进 FDI 技术溢出、人力资本积累和研发效率，改善产业出口复杂度，提升出口产品的质量。

但是，绝大部分研究表明中国股市没有支持实体经济发展。谈儒勇（1999）以中国1996～1999年季度数据为研究对象，并通过资本化率、交易价值和换手率衡量股市发展，发现股市发展与经济增长间存在不显著的负相关关系，表明股市发展对经济发展的促进作用有限，即使存在一些，也是不利的。徐涛（2001）以中国1998～2000年月度数据为研究对象，并通过上证和深证股指变动衡量股市发展，发现中国股市不存在显著财富效应，股市对企业投资需求和公众消费需求均没有影响，并且刺激股市的相关政策无助于经济增长。李广众（2002）以中国1996～1999年省级数据为研究对象，并通过资本化率和交易价值衡量股市发展，发现股市发展对省区市人均GDP增长和居民银行储蓄率均没有显著影响，表明中国股市虽然具备了融资功能，但并没有发挥风险分散、项目评价、产权界定、资源配置等股市基本功能。刘骏民和伍超明（2004）以中国2000～2003年月度数据为研究对象，并通过股本发行增长率、换手率衡量股市发展，发现中国股市不是实体经济的“晴雨表”，仅是国有企业的真实反映，股市背离使实体经济融资渠道和融资总量均受到抑制，资金供应也被限制，进而影响实体经济的持续稳定发展。孙霄翀等（2007）以中国1991～2006年月度数据为研究对象检验上证综指与经济增长的关系，发现上证综合指数年内均值变化率与上市企业ROA和ROE均呈负相关关系，表明中国股市脱离了上市公司业绩基本面因素。陈刚等（2009）以1999～2006年省级数据为研究对象，并通过各地区上市企业股票交易额与GDP的比值衡量股市发展，发现股市发展抑制了企业全要素生产率提高。高辉（2011）以1998～2009年季度数据为研究对象，并通过资本化率、交易价值和周转率衡量股市发展，发现股市发展对经济增长的影响并不显著，表明中国股市对实体经济的渠道和作用机制不通畅，股市配置效率有待提高。杨昀（2013）以2007～2012年季度数据为研究对象考察上证指数与GDP和CPI的关系，发现相互间仅存在微弱的单项因果关系，表明中国股票市场有效性弱化，股票市场与宏观经济严重脱节。范言慧等（2015）以中国2000～2014年季度数据为研究对象，并通过流通股市值与GDP的比值、交易价值衡量股市发展，发现股市发展使人民币实际汇率升值，进而对出口偏向产生不利影响。何启志和彭明生（2017）以中国 2014 ~ 2016 年月度数据为研究对象，并通过股市总体筹资额衡量股市发展，发现股市发展抑制了中小企业发展，股票市场没有为中小企业发展提供很好的服务。

此外，也有部分学者认为，中国股市发展只有以实体经济为基础，顺应实体经济发展的客观需求，才能真正起到支持实体经济发展的作用。罗美娟（2001）认为实体经济发展特征和发展阶段的演变，必须以股票市场和经济增长关系的变化为基础。而已有研究中关于股票市场与经济增长的关系难以达成一致，除与学者们采用的研究方法和角度不同有关外，还与该国的发展阶段以及股票市场对经济增长的作用程度密切联系。当一个国家处于产业成长阶段，股票市场与经济增长的相关性显然会高于其他发展阶段，而在各种融资方式都非常便利的情形下，股票市场与经济增长的相关程度可能会降低很多。林毅夫（2003）认为股票市场和银行在发展和演变过程中，金融体系能否支持实体经济发展主要取决于金融服务或者适应实体经济需求的程度，以及不同金融中介在经济增长过程中的作用。只有当金融结构与实体经济规模结构相匹配，才能有效满足实体企业融资需求，促进实体经发展。

2.4　文献评述

通过以上文献梳理可知，国外学者关于股市与实体经济关系的研究主要使用宏观数据，国内已有文献主要基于宏观、中观和微观的单一维度考察股市对实体经济的影响，鲜有学者从宏观与微观或中观与微观相结合的多维度展开研究，而且基于微观层面的实证分析仅局限于使用上市企业数据，忽略了大量堪称“实体经济细胞”的非上市企业。另外，中国股市具有相当浓厚的投机特征，如市盈率、换手率和股指短期波幅均在全球名列前茅，并且股市过度投机产生的非理性泡沫抑制了实体企业的生产和研发投入，而学者们关于中国股市投机的研究主要集中于股市是否存在投机行为、股市投机程度的测度、股市投机产生的原因、危害和治理，尚未从微观层面提供股市过度投机是否危害实体经济健康发展的经验证据，这也是本书研究的切入点和主要贡献。

第3章　理论分析和模型构建

3.1　股市投机影响实体经济的理论分析

股市投机对实体经济的作用效应具有两面性：一方面，股市适度活跃可以通过股市的融资功能、流动效应、资本配置效应等促进实体经济增长；另一方面，股市过度投机产生的挤出效应、资源错配等损害实体经济增长。下面我们在已有文献基础上总结归纳股市投机对实体经济正反两方面的影响。

3.1.1　股市适度活跃对实体经济的影响

（1）股市适度活跃有利于闲散资金集聚，拓宽实体经济融资渠道。

实体经济发展需要充足的资金，而以银行信贷为主体的间接融资已经满足不了实体经济的需求，以股市为代表的直接融资为实体经济提供了新的融资渠道，实体经济主体可以通过发行股票、债券等有价证券的方式融资，进而促进实体经济发展。股市发展加速了资本集聚，为投资者风险转移和分散提供了合理的运行机制，但是股市功能的发挥，市场的适度活跃是必要条件，只有具有一定流动性的股市才能吸引投资资金流入，企业才能通过 IPO 或者增发的形式获得资金。

（2）股市适度活跃提高资本配置效率，优化产业结构。

股市的适度活跃可以促进实体经济不同行业、企业以及部门的资本合理配置，优化资本在股市和实体企业间的配置效率，推动产业结构升级。

当股市运行与实体经济相协调时，股市可以通过价格发现功能引导社会资本流动，并通过市场价格和供求机制促进社会闲散资金向生产率高、经济效益好的领域转移，提高相关行业的经济效益，同时通过产业链间接带动相关产业发展，进而推动整个产业结构优化调整，提高社会资源的整体配置效率。

（3）股市适度活跃促进风险投资，推动技术创新。

一般而言，理性投资者厌恶风险，所以处于初创阶段的高科技产业往往很难吸引投资者，而自身运营资金满足不了企业发展需要。资本市场具有风险定价功能，可以吸引风险偏好程度较高的投资者参与，引导这些投资者关注这些急需资金的高风险、高收益的高新技术产业。如果投资者对高新技术产业的预期收益乐观，部分投资者会借机炒作，“羊群”效应引起资金不断跟进，保证了高新技术产业经营发展和技术创新的资金需求。此外，一旦高新技术产业在资产市场融资到资金就会带动其他行业对技术创新追求的风气，促进行业的整体技术革新，推动经济社会的进步。

（4）股市适度活跃有利于分散市场风险，充当实体经济缓冲器。

股票市场运行与实体经济相互协调，有助于分散市场风险，缓解实体经济过度波动。如果货币供给超过实体经济生产的实际需求时，与实体经济投资和消费等经济活动不匹配的那部分资本会产生过剩储蓄资本，这些储蓄资本是引致实体经济物价上涨的直接原因和形成通货膨胀的潜在隐患。追逐利润是资本的天然属性，运行良好的股市为其提供了一个投资平台，满足了实体经济中过剩闲置资本的投资或者投机需求，提升了资本运行效率，降低了实体经济市场风险，充当实体经济“缓冲器”。

3.1.2 股市过度投机对实体经济的影响

（1）股市过度投机导致货币供给和需求失衡，不利于货币政策的传导。

当股市与实体经济的发展失衡时，证券资产价格会产生非理性变化，进而引起实体经济中各类生产性资产价格剧烈波动，并以产业链关系为媒介影响消费品价格，这可能阻碍各类商品交易价格的传导机制，使金融市场中货币供给和需求出现结构性失衡，货币政策传导难以维持，导致货币政策不能得到有效执行，政府宏观经济调控效力下降。

（2）股市过度投机扭曲资本配置，降低市场运行效率。

股市过度投机引起股票价格剧烈波动，股票价格不能反映经济的实际运行情况，而投机行为的蔓延，市场风险和信息扭曲进一步加深，误导投机者加大投资规模，引发新一轮的投机。与此同时，在股市高投资高回报的引诱下，资本由实体经济领域不断流向股票市场，导致股市虚假繁荣，市场泡沫不断积累，而实体经济领域投入则相对不足，资本形成了错配。此外，股市与实体经济领域资金供求失衡，使实体经济融资成本上升，盈利能力下降，进而对其发展产生不利影响。

（3）股市过度投机不利于投资和消费，导致通货膨胀。

股市过度投机的典型后果是市场流动性过剩，这不仅引起证券资产价格的非理性上涨，还会通过价格示范效应推动生产领域中固定资产和生产原材料价格同步上涨，进而引起消费领域中消费品和服务价格快速上涨，最终导致通货膨胀。受证券资产价格的上涨以及通货膨胀预期的影响，实体经济中出于保值和追逐超额利润的资金会进入股市，找寻牟取暴利的机会，这部分投资或者投机交易偏离实体经济主业，挤占了实体经济生产经营活动的资金，对实体经济领域的投资和消费产生消极的影响。

（4）股市过度投机导致经济泡沫，可能诱发经济危机。

虚拟经济发展具有一定的独立性，当股市急剧膨胀导致股票价格盲目上涨，会吸引实体经济中的资金不断流入股市从事投机活动，而实体经济的生产资金过度流失，使实体经济生产经营难以正常运转，导致实体经济产生剧烈波动。此外，在虚拟经济发展过程中，有价证券的出现为经济泡沫的产生提供了可能，而依托于股票市场的投机行为，增加了泡沫形成的概率。当泡沫累积到一定程度时，将进一步形成泡沫经济，使社会经济产生虚假繁荣，一旦泡沫经济受到外币干扰，产生突变，则可能引起金融危机，甚至经济危机，损害国民经济体系，进而导致实体经济发展停滞或者衰退。

3.2 模型构建与经济解读

本书在 Tirole（1985）和 Olivier（2000）基础上，构建了一个连续时间的世代交叠模型考察股市投机对实体经济的影响①。实体经济长期增长的动力源于知识资本积累的外部性，而投机者（投资者）持续进入为股市资产泡沫持续存在提供了理论支撑。模型中主要包括劳动供给部门、生产部门和资产结构，各部分具体构建过程如下：

在劳动供给部门中，假设人口结构满足永葆青春模型（Blanchard，1985），每期新增人口持续进入经济部门，代理人瞬时死亡率为 ρ 并且是恒定不变的，为便于模型分析，假设将每期新增人口数量标准化值为 ρ，则人口总规模为1，同时，假设代理人劳动供给没有弹性，并且以速率 a 递减，为便于分析，假设初始劳动总供给标准化后为1，则在 t 期劳动总供给为：

$$\int_{-\infty}^{t} \rho e^{-\rho(t-s)} e^{-a(t-s)} ds = \frac{\rho}{\rho + a} \tag{3-1}$$

在生产部门中，存在生产部门和研发部门两种类型，其中，已有种类消费品均在生产部门中生产，新产品在研发部门中发明。假设 t 期累计研发新产品总数为 n(t)，则代表了当时经济的知识资本，同时假设劳动力是唯一的私人生产要素，并且知识资本积累对劳动力供给具有正向溢出效应。假设 t 期存在的产品和企业数量也为 n(t)，每家企业对某种特定消费品专利的使用权具有排他性，代理人发明的新专利遵循线性关系，具体增长路径如下：

$$\dot{n} = An(t)L_n \tag{3-2}$$

其中，L_n 为劳动供给数量，A 为大于0的常数，n(t)为已经存在的企业数量。

知识资本在生产部门和研发部门均产生外部性，消费商品 i 的生产遵循技术规模收益递减，具体如下：

$$y_i = Z(An\,L_i)^{\gamma} \tag{3-3}$$

其中，L_i 表示生产部门 i 使用的劳动力数量，Z 和 γ 为正的常数并且 $0<\gamma<1$。

在资产结构中，假设存在保险、无风险债券和专利三种。对于保险市

① 股市投机对实体经济产生影响具有多重渠道，如投资的挤出效应、消费的财富效应等，本书构建的模型基于资产泡沫的典型事实而提出了一种可能的渠道，即股市投机通过产生资产泡沫，进而对实体经济产生影响，多重渠道需要更加复杂的一般均衡模型。

场，与 Blanchard（1985）的永葆青春模型类似，假设保险市场是完全竞争性的，需要对活着的人持续支付以换取他们死亡后对其财富的索赔。由于瞬时死亡率为 ρ，拥有财富 $W(t)$ 的代理人可以从保险公司获得 $\rho W(t)$ 的连续支付。对于无风险债券，在小型封闭式经济假设下，债券的净供给为零，收益率为 $r(t)$ 并且是内生的，而在小型开放式经济假设下，收益率 r 是外生的（假定为不变常数），鉴于资本自由流动下，开放式经济假设更符合中国现实，因此，本书仅考虑小型开放经济体的情形。对于专利而言，一旦代理人发明了新的专利，就可以创立一家对新产品具有垄断权的企业，新成立的企业可以发行无限可分的股票，股票作为一种无期限的资产，不仅可以公开交易，还可以从企业利润中获得连续支付的股息。

基于以上假设，对于 s 期出生的代理人，目标效用最大化函数为：

$$U_s = E_s \int_s^{\infty} e^{-\delta(t-s)} u(c_t) d_t = \int_s^{\infty} e^{-(\rho+\delta)(t-s)} u(c_t) d_t \tag{3-4}$$

其中，δ 表示贴现率。

$$c_t = \int_0^{n(t)} c_{i,t} d_i \tag{3-5}$$

其中，$c_{i,t}$ 表示消费商品 i 在 t 期被消费的数量。并且有：

$$u(c) = \frac{c^{1-\alpha}}{1-\alpha} \tag{3-6}$$

其中，$\alpha > 0$，如果 $\alpha = 1$，则 $u(c) = Ln(c)$。

值得注意的是，由于市场中存在一系列可以完美替代的消费品，因而在均衡状态下，商品价格由市场决定，即所有商品在均衡状态下价格是相同的，不失一般性，我们将价格标准化为 1。因此，对于 s 期出生的代理人需要满足以下目标效用最大化函数为：

$$\max = \int_s^{\infty} e^{-(\rho+\delta)(t-s)} u(c_t) d_t \tag{3-7}$$

约束条件为：

$$\dot{W}_s(t) = [\rho + r(t)] W_s(t) - c_s(t) - i_s(t) \tag{3-8}$$

$$i_s(t) = \{f_s(t) w(t) + [1 - f_s(t)] An(t) P_0(t)\} e^{-a(t-s)} \tag{3-9}$$

$$W_s(s) = 0 \tag{3-10}$$

$$\lim_{t\to\infty} e^{-[\rho(t-s) + \int_s^t r(v) d_v]} W_s(t) = 0 \tag{3-11}$$

$$f_s(t) \in [0,1] \tag{3-12}$$

其中，$W(t)$ 为代理人在 t 期拥有的个财富（不包含未来劳动收入），$i(t)$ 为代理人在 t 期的劳动收入，$w(t)$ 为代理人在 t 期从消费性商品生产部门获得的工资，$P_\tau(t)$ 为 τ 期前成立的企业在 t 期的市场价值，f 为代理人在消费性生产部门工作时间与在研发部门工作时间的比值。此外，根据预算约束条件，式（3-8）表示代理人个人财富等于财富增值与劳动收入和减去消费，式（3-9）表示代理人的劳动收入包含生产部门的劳动收入和研发部门发明的专利用于创立企业具有的价值。对于代理人劳动收入而言，新出生代理人在 s 期提供的劳动供给数为 $e^{-a(t-s)}$，如果他在完全竞争性劳动市场中提供劳动，每单位劳动供给可以获得的工资为 $w(t)$。代理人可以使用劳动时间从事产品研发，在研发部门中每单位劳动研发的专利数为 $An(t)$，每个专利的价值为 $P_0(t)$，因此，假设代理人花在消费性商品生产部门的劳动时间为 f 单位，则可以获得的劳动收入为 $[fw(t)+(1-f)An(t)P_0(t)]e^{-a(t-s)}$。

进一步，我们将股市资产泡沫引入模型中，假设 Q 为股票实际价值，π 为单个企业在均衡状态下的利润。定义股市资产泡沫为：

$$B_0(t) = P_0(t) - Q(t) \tag{3-13}$$

则 τ 期前成立的企业在 t 期的股市资产泡沫为：

$$B_\tau(t) = P_\tau(t) - Q(t) \tag{3-14}$$

显然，如果在无风险套利准则下，则股市资产泡沫需要满足：

$$B_0 = e^{-r\tau}B_\tau \tag{3-15}$$

同时，为比较不同企业的泡沫程度，我们假定股市资产泡沫价格比为 b_0，具体定义为：

$$b_0 = (P_0 - Q_0)/P_0 \tag{3-16}$$

在均衡增长路径下，收益率、企业初始价值、劳动分配均为常数，总消费等于总产出，企业数量、总消费、总产出和总知识资本以同一速率 $g>0$ 增长。

鉴于股市交易投资包含理性价值投资和非理性投机（过度投机）两部分，其中，对于理性价值投资者而言，为了获得稳定收益，在投资对象选择上倾向于生产性资产，这类资产风险较低，并且资产价格与实际价值基本一致，而对于非理性投机者，为了追逐高额收益，会将资金更多投入非生产性资产，这类资产的价格经常偏离实际价值（Farmer and Schelnast，2012）。进一步，我们按资产泡沫产生的原因不同分为股市理性投资泡沫和非理性投机（过度投机）泡沫，一般而言，股市投机程度越大，资产泡沫越大（黎超等，2018）。为简化分析，我们假定理性价值投资或者非理性投机程度与股市资产泡沫间存在如下相关关系：

$$b_0 = \alpha H \text{ 或 } b_0 = \alpha' H' \tag{3-17}$$

其中，b_0 为资产泡沫价格比，H 为理性价值投资程度，H′为非理性投机程度，α 和 α′均大于 0。

假设股市泡沫是由理性价值投资引起的，此时，股票价值由经济基本面决定（Barlevy，2007）。因此，需要满足 $g \geqslant r$，否则，资产泡沫会过度膨胀并超过其他经济部门（Tirole，1985）[①]。此外，在均衡增长路径下，P_0和 Q 都是相对稳定，此时股市资产泡沫累计总量为：

$$B_t^{Ag} = \int_{-\infty}^{t} B_{t-s} dn(s) = \int_{-\infty}^{t} gn(t)\ e^{g(s-t)}\ B_0 e^{r(t-s)}\ d_s \tag{3-18}$$

由于 $g > r$，式（3－18）可以简化为：

$$B^{Ag} = \frac{gB_0}{g-r} n(t) \tag{3-19}$$

式（3－19）表明只要 $g > r$，资产泡沫膨胀是有限度的，并且在均衡状态下，股市理性资产泡沫越大，企业价值越高，代理人更愿意创立企业而不是在竞争性劳动市场中提供劳动，劳动供给和利润均下降，但工资却升高了。此外，在均衡条件下，对于股票价值均有 $Anw = P_0$，而企业利润由企业股票的初始价值决定，具体如下：

$$\pi = (1-\gamma) Z^{1/(1-\gamma)} \left[\frac{\gamma}{P_0}\right]^{\gamma/(1-\gamma)} \tag{3-20}$$

假定股市理性价值投资的资产泡沫价格比为b_0^s，则将式（3－20）代入式（3－16）可以得到：

$$b_0^s = 1 - Z^{1/(1-\gamma)} \left(\frac{\gamma}{P_0}\right)^{\gamma/(1-\gamma)} \frac{(1-\gamma)}{rP_0} \tag{3-21}$$

① 然而，$g \geqslant r$ 并不是理性资产泡沫产生的充分条件，实际上，仅仅检查任何单个资产上的泡沫是否仍然很小是不够的，但我们还需要验证总泡沫不会变得太大，只要增长率严格为正，新资产泡沫就会持续产生。

$$(1-b_0^s)\frac{\gamma r}{1-\gamma}=\left[\frac{\gamma Z}{P_0}\right]^{\gamma/(1-\gamma)} \tag{3-22}$$

式（3－22）反映了均衡条件下股市理性资产泡沫、收益率和企业市场价值间的关系，股市理性资产泡沫越大，收益率越低，企业市场价值越高。

此外，在均衡状态下，对于企业需要解决以下效用最大化问题：

$$\max_{L_i}\{Z(AnL_i)^{\gamma}-wL_i\} \tag{3-23}$$

约束条件为：

$$\gamma Z(An)^{\gamma}(L_i)^{\gamma-1}=w \tag{3-24}$$

$$An(t)P_0=w_0 \tag{3-25}$$

由式（3－24）可以得到：

$$L_i=\left(\frac{\gamma Z(An)^{\gamma}}{w}\right)^{1/(1-\gamma)} \tag{3-26}$$

将式（3－24）代入式（3－25）得到：

$$AnL_i=\left[\frac{\gamma Z}{P_0}\right]^{\gamma/(1-\gamma)} \tag{3-27}$$

将式（3－26）代入式（3－3）得到产出总量为：

$$Y^{Ag}=n\left(\frac{\gamma(b_0^s-1)}{Q_0}\right)^{\gamma/(1-\gamma)}Z^{1/(1-\gamma)} \tag{3-28}$$

式（3－27）反映了均衡条件下股市理性资产泡沫与产出之间的关系，可知，股市理性资产泡沫越大，产出总量越高。

对于劳动市场，由式（3－26）可以得到劳动力的总需求函数为：

$$L^D=\int_0^n L_i d_i=\frac{1}{A}\left(\frac{\gamma Z}{P_0}\right)^{1/(1-\gamma)} \tag{3-29}$$

而对于劳动供给有：

$$L^s=f\int_{-\infty}^{t}\rho e^{-(\rho+a)(t-s)}d_s=\frac{f\rho}{\rho+a} \tag{3-30}$$

由式（3－28）和式（3－29）可以得到：

$$f=\frac{\rho+a}{A+\rho}\left(\frac{\gamma Z}{A\rho}\right)^{1/(1-\gamma)} \tag{3-31}$$

由式（3－2）和式（3－30）可以得到：

$$g=\frac{\dot{n}}{n}=A(1-f)\frac{\rho}{\rho+a}=A\frac{\rho}{\rho+a}+\left(\frac{\gamma Z}{P_0}\right)^{1/(1-\gamma)} \tag{3-32}$$

式（3-32）表明劳动力市场均衡下企业初始价值与实体经济长期增长率之间存在一一对应关系，在均衡状态下，理性资产泡沫越大，新成立的企业越有价值，在均衡状态下创立的数量越多，实体经济增长的速度越快。

由式（3-22）、式（3-28）、式（3-32）可以得到：

$$\frac{dP_0}{db_0^s}=\frac{\gamma r}{1-\gamma}\left(\frac{\gamma}{P_0}\right)^{\gamma/(\gamma-1)} \tag{3-33}$$

$$\frac{dY^{Ag}}{db_0^s}=\frac{Q_0}{Y^{Ag}\gamma(1-b_0^s)} \tag{3-34}$$

$$\frac{dg}{db_0^s}=\frac{1-\gamma}{\gamma r} \tag{3-35}$$

与式（3-17）相结合可以得到：

$$\frac{dP_0}{dH}=\frac{\alpha\gamma r}{1-\gamma}\left(\frac{\gamma}{P_0}\right)^{\gamma/(\gamma-1)} \tag{3-36}$$

$$\frac{dY^{Ag}}{dH}=\frac{\alpha Q_0}{Y^{Ag}\gamma(1-b_0^s)} \tag{3-37}$$

$$\frac{dg}{dH}=\frac{\alpha(1-\gamma)}{\gamma r} \tag{3-38}$$

由式（3-36）、式（3-37）和式（3-38）可以推知，对股市理性价值投资，存在 $H^*>0$，使对于任意 $H\in[0,H^*]$，均有 $dP_0/dH>0$，$dY^{Ag}/dH>0$ 和 $dg/dH>0$，其中，H 为股市理性价值投资程度。而通过式（3-33）、式（3-34）和式（3-35）可知，对于理性资产泡沫，存在 $b_0^*>0$，使对于任意 $b_0^s\in[0,b_0^*]$，均有 $dP_0/db_0^s>0$，$dY^{Ag}/db_0^s>0$ 和 $dg/db_0^s>0$，其中，Y^{Ag} 为企业产出，b_0^s 为股市理性投资资产泡沫，b_0^* 为股市资产总泡沫。因此，当利率恒定不变时，股市理性价值投资促进了实体经济增长。具体作用机理为：股市理性价值投资使股市理性资产泡沫程度增加，而股市理性投资资产泡沫越大，企业市场价值越高，代理人有强烈的动机创立企业和投入研发，使企业创立数量增加，研发投入和产出增加，进而促进实体经济增长。

但股市资产泡沫并非总是理性的，它可能是股市非理性投机（过度投机）引起的非理性资产泡沫，投机者购买非理性泡沫资产主要目的并不是长期持有以获得该笔投资的连续股息收益，而是在于获得偏离投资品基本价值的价格变化，因此，投机者获得的收益主要为价格波动带来的资金利得，则其收益率约为 $\ln(p_{t+1})-\ln(p_t)$。同理，对于股市非理性资产泡沫，存在大于零的 $\bar{b}_0^*$，满足 $b_0^f\in[0,\bar{b}_0^*)$，其中，b_0^f 为股市非理性投机资产泡沫，$\bar{b}_0^*$ 为股市资产总泡沫。在无套利条件下，股市非理性投机资产泡沫的增长速度等于均衡状态下的利率 r，因此，在均衡增长路径下，企业初始价值 P_0 与企业利润存在以下关系：

$$P_0(t)=\int_t^{\infty}e^{-r(s-t)}\pi_s d_s \tag{3-39}$$

其中，π_s 为企业在 s 期的利润。

而由式（3-25）、式（3-27）和式（3-28）可以得到企业利润为：

$$\pi=y-wL=(1-\gamma)Z^{1/(1-\gamma)}\left(\frac{\gamma}{P_0}\right)^{\gamma/(1-\gamma)} \tag{3-40}$$

将式（3-40）代入式（3-39）可以得到：

$$P_0=Z^{1/(1-\gamma)}\left(\frac{\gamma}{P_0}\right)^{\gamma/(1-\gamma)}\frac{(1-\gamma)}{r} \tag{3-41}$$

式（3-41）变形可以得到：

$$\left(\frac{\gamma}{P_0}\right)^{\gamma/(1-\gamma)}=\frac{\gamma r}{1-\gamma} \tag{3-42}$$

由式（3-2）、式（3-39）以及式（3-42）可以得到：

$$g=A\frac{\rho}{\rho+a}-\frac{\gamma r}{(1-\gamma)} \tag{3-43}$$

在均衡状态下，商品市场出清，因此有：

$$C^{Ag}(t)+rD^{Ag}(t)=Y^{Ag}(t)+\dot{D}^{Ag}(t) \tag{3-44}$$

$$1+\frac{rb_0^f}{g-r}+\frac{\rho A}{\rho+a}\frac{1}{(r+\rho+a-g)}=\frac{1+d(g+\rho+\delta/\alpha-r/\alpha)}{\gamma\left[\rho+\frac{\delta}{\alpha}+\left(1-\frac{1}{\alpha}\right)r\right]}\left(\frac{A\rho}{\rho+a}-g\right) \tag{3-45}$$

由式（3-45）可以得到：

$$\frac{dg}{db_0^f}=\frac{\frac{g}{g-r}}{\left[\frac{\rho Ad}{\rho+a}-1-2gd-\rho d+\frac{rd-\delta d}{\alpha}+\frac{br}{(g-r)^2}-\frac{\rho A}{(\rho+a)(r+\rho+a-g)^2}\right]}<0 \tag{3-46}$$

结合式（3－46）和式（3－17）可以得到：

$$\frac{dg}{dH'}=\frac{\dfrac{\alpha' g}{g-r}}{\left[\dfrac{\rho Ad}{\rho+a}-1-2gd-\rho d+\dfrac{rd-\delta d}{\alpha}+\dfrac{br}{(g-r)^2}-\dfrac{\rho A}{(\rho+a)(r+\rho+a-g)^2}\right]}<0 \tag{3-47}$$

将式（3－35）与式（3－47）相加可以得到：

$$\frac{dg}{db_0^s}+\frac{dg}{db_0^f}=\frac{\dfrac{g}{g-r}}{\left[\dfrac{\rho Ad}{\rho+a}-1-2gd-\rho d+\dfrac{rd-\delta d}{\alpha}+\dfrac{br}{(g-r)^2}-\dfrac{\rho A}{(\rho+a)(r+\rho+a-g)^2}\right]}+\frac{\gamma r}{1-\gamma}<0 \tag{3-48}$$

结合式（3－35）与式（3－47）中 dg/db_0^s 和 dg/db_0^f 的正负号可以得到：

$$|dg/db_0^s|<|dg/db_0^f| \tag{3-49}$$

由式（3－47）可知 H' 与 g 之间存在负相关关系，即股市非理性投机抑制实体经济增长。而式（3－46）和式（3－49）则表明，b_0^f 与 g 之间存在负相关关系，并且 $|dg/db_0^s|$ 小于 $|dg/db_0^f|$，即非理性投机资产泡沫抑制实体经济增长，并且在相同股市资产泡沫规模下，非理性投机资产泡沫对实体经济增长的抑制作用大于理性投资资产泡沫对实体经济增长的促进作用。

综合以上分析可知，股市理性价值投资和非理性投机（过度投机）对实体经济产生不同的作用结果。就股市理性价值投资而言，产生的理性投资资产泡沫提升了企业实际价值，引导资金流向生产和创新领域，使产出增加，促进实体经济增长。而对于股市非理性投机（过度投机）而言，产生的非理性投机资产泡沫降低了企业实际价值，挤占了生产部门和研发部门的资金投入，降低了企业产出，抑制实体经济增长。毋庸置疑，股市中不可能仅存在单一的理性价值投资或非理性投机，也不可能只有理性投资资产泡沫或者非理性投机资产泡沫，而本书在股市过度投机指标的构建过程中，也是将股市交易活跃度分为长期理性投资和偏离理性投资（过度投机）部分，因此，理论分析过程符合股市过度投机指标构建。此外，对于中国股市，长期以来，我国股市发展与实体经济严重背离，大多数上市公司基本不分红派息或股利率低于1%。虽然近年来发布现金分红的公司逐渐增多，但1990～2018年上市公司累计现金分红（约8万亿元）仍远低于股权融资额（约12万亿元），表明投资者为上市公司净贡献出4万亿元。图3－1绘制了2000～2018年上证指数、我国GDP以及实体经济产值三者的累计增长率，其中，实体经济产值为剔除金融业和房地产业产值后的GDP。由图3－1中结果可见，过去18年间，我国GDP和实体经济产值分别累计增长了797.79%和744.91%，而上证股指的累计增长率却仅为20.3%，表明股市已基本失去了实体经济“晴雨表”的作用。在此背景下，投资者的交易动机更趋向于短期投机炒作而非基于长期生产性投资或者价值投资，导致大量进入股市的资金无法切实发挥支持实体企业的作用，因此，我国股市的投机泡沫应属非理性投机泡沫，对实体经济可能具有负面影响。需要指出的是，基于前提假设的理论模型，不能完全刻画股市过度投机对实体经济的影响和具体作用机制，股市过度投机对实体经济增长的“挤出效应”，还应根据实际经济运行和数据进行分析。

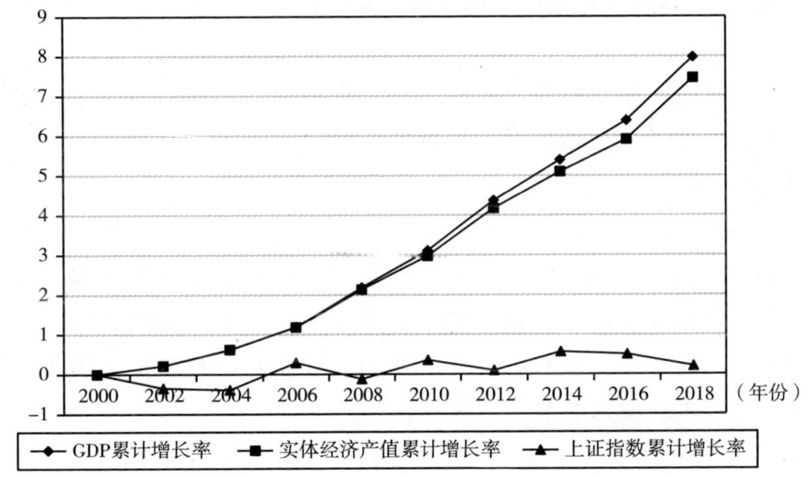

图3－1　上证指数、我国GDP以及实体经济产值累计增长率（2000～2018年）

第4章　中国股市过度投机和实体经济发展现状分析

4.1　中国股市过度投机现状及问题分析

4.1.1　中国股市过度投机现状

股市投机的常用指标主要有换手率、市盈率、市净率以及股指波动幅度等，下面通过这几个指标对中国股市投机状况进行分析。

（1）换手率。

换手率是指在某个时间段内股市中股票交易的频率，等于股票成交额与发行股本的比值，国内一般采用成交额与流通股本的比值衡量，该指标是反映股市投机状况的一个重要指标。换手率值越大，说明股市交易越活跃，市场流动性越大，投资者持有股票的时间越短，投机倾向越严重，表明股市过度投机状况越明显。

表4－1提供了2010～2018年中国主要股指的年换手率情况，由表中结果可知，中国股市换手率一直居高不下，上证指数换手率大多数年份低于200%，其他股指换手率均值基本都高于500%，深证和创业板的换手率甚至超过了1000%，在2015年股市换手率一度达到了顶峰，是其他年份的两三倍，这在全球股市中都非常罕见，国际上成熟股票市场的换手率一般在30%～40%，而新兴股票市场的换手率在100%左右，但中国股市的换手率则远高于其他市场，是其他市场的几倍，由此可见，中国股市过度

投机状况非常严重。

表 4－1　　　　　　　　中国主要股指换手率　　　　　　　　单位:%

股指	2010 年	2011 年	2012 年	2013 年	2014 年	2015 年	2016 年	2017 年	2018 年
上证	198.25	124.41	101.51	123.61	173.33	387.94	158.15	144.80	116.08
深证	2387.80	1466.30	1490.70	2075.70	2658.70	2695.10	797.14	599.93	540.77
中小板	528.30	265.17	242.09	546.67	1485.50	2789.50	1777.10	1149.40	1037.00
创业板	756.38	543.30	582.75	914.64	1505.20	2411.50	1586.40	1045.40	1288.20

资料来源：东方财富网。

（2）市盈率。

市盈率等于某个时间段内股价与每股收益的比值，是评估股价是否合理、股票是否具有投资价值的一个重要指标。市盈率值越大，一方面，说明该股票价格偏离收益的程度较大，投资资金回收的时间越长，投资价值越低；另一方面，说明该股票价格被严重高估，股票价格中包含较多泡沫成分。因此，该指标值越高，表明股市处于一种非理性状态，过度投机状况严重。

表 4－2 提供了 2017～2018 年全球主要股指市盈率情况，由表中结果可知，在 2017 年上证和深证的市盈率都在 40 左右，学术界普遍认为如果市盈率超过 28，就说明股市已经出现了投机性泡沫，这意味上证和深证在 2017 年均出现了明显的过度投机症状，另外，我们通过横向比较发现，上证和深证的市盈率均高于其他股市，其中，2017 年是其他主要股指的几倍，2018 年虽然有所下降，但仍然高于其他股指，说明相对于其他股指，中国股市市盈率虚高现象严重，股市总体估值过高，泡沫特征明显，投机氛围浓厚。

表 4－2　　　　　　　　全球主要股指市盈率

年份	标普 500	纳斯达克 100	纳斯达克	恒生指数	道琼斯	深证成指	上证指数
2018	17.9562	20.84336	5.1886	11.5730	22.4155	22.49327	23.6738
2017	21.1669	25.79170	5.8322	15.8909	23.2847	42.62660	39.3804

资料来源：东方财富网。

（3）市净率和净资产收益率。

市净率是股价与每股净资产的比值，该指标值越高，表明投资价值越低，反之则意味着投资价值越高；净资产收益率是净利润与平均股东权益的比值，反映了股东权益的收益水平，该指标值越低，表明投资带来的收益越低，股票投资价值越低，反之则意味着投资价值越高。

表 4－3 提供了 2018 年全球主要股指市净率和净资产收益率情况，由表中结果可知，在市净率方面，创业板的市净率高达 4.34，远高于全球其他主要股指，而上证和深证仅低于道琼斯股指，说明中国几个股指市净率虚高，偏离实际价值程度大，投资价值较低，其中创业板表现得尤为突出。在净资产收益率方面，上证、深证以及创业板均低于全球主要股指，仅为道琼斯指数的一半，表明投资者在中国股市投资带来的回报率偏低，可投资性不强，投资者更多的是带着投机的心理参与股市。

表 4－3　　全球主要股指市净率和净资产收益率

	纳斯达克	恒生指数	道琼斯	创业板	深证成指	上证指数
市净率	2.18250	1.2709	4.2535	4.34408	3.5747	3.15219
ROE	11.81964	11.5539	20.2808	11.54340	11.5004	10.84630

资料来源：东方财富网。

（4）股指涨跌幅、波动率。

股指涨跌幅度是股价涨跌的上下宽度，波动率是在一定周期内平均股价的波动幅度。股指涨跌幅度和波动率越大，表明市场不稳定程度越高，当涨跌幅度和波动率超过一定限制时，股市要么过度虚假繁荣，要么表现为大崩溃。

表 4－4 和表 4－5 提供了 2010～2018 年中国主要股指涨跌幅和波动率情况，由表中结果可知，中国股市一直处于震荡调整状态，涨跌幅度大，例如，在 2014 年的牛市中，上证指数一年的涨幅达到 52.87%，创业板指数的 84.41%，而在之后的熊市中，各大股指一泻千里，投资者财富损失殆尽，而在波动率方面，大多数年份都超过 20%，部分年份超过 40%，并且创业板市场显著高于主板市场，表明中国股市波动频繁，市场极不稳定，投资者理性投资程度较低，而“羊群”效应、跟风等非理性程度较高。

表 4－4　　中国主要股指涨跌幅　　单位：%

股指	2010 年	2011 年	2012 年	2013 年	2014 年	2015 年	2016 年	2017 年	2018 年
上证	－14.31	－21.68	3.17	－6.75	52.87	9.41	－12.31	6.56	－24.59
深证	－9.06	－28.41	2.22	－10.91	35.62	14.98	－19.64	8.48	－34.42
中小板	21.26	－37.09	－1.38	17.54	9.67	53.70	－22.89	16.73	－37.75
创业板	—	－2.14	82.73	12.83	84.41	－27.71	－10.67	－28.65	－35.88

资料来源：东方财富网。

表 4－5　　中国主要股指波动率　　单位：%

股指	2010 年	2011 年	2012 年	2013 年	2014 年	2015 年	2016 年	2017 年	2018 年
上证	21.65	16.63	16.54	17.29	18.22	37.01	20.42	8.05	19.99
深证	25.47	19.94	23.14	20.86	21.53	40.21	25.07	11.91	25.00
中小板	26.07	22.35	23.42	20.80	17.72	41.79	24.82	11.74	25.95
创业板	38.29	26.92	27.09	29.09	22.97	48.18	31.33	15.01	29.28

资料来源：东方财富网。

通过以上股市投机指标分析可知，中国股市换手率居高不下、市盈率和市净率虚高、净资产收益率偏低以及涨跌幅和波动率大，表明中国股市投资价值低，市场反复震荡更多的是投机炒作引起的，因此，中国存在严重的过度投机现象。

4.1.2　中国股市过度投机问题分析

（1）投资者的投机动机。

首先，中国股市交易中机构投资者交易资金占比较低，绝大部分来自公众投资者，并且公众投资者分散程度较高，难以“拧成一股绳”，导致企业在决策过程中只能“用脚投票”，而正是这种特殊的持股关系，使投资者参与企业经营决策的兴趣低。其次，中国上市企业普遍实行低派息和零派息政策，上市企业即使盈利了，也不会分红派息，因此，投资者持有股票主要为了从买卖价差中获得收益，难以形成长期理性投资，更多的是短期投机套利。最后，中国公众投资者关注的并不是企业基本面，而是政策因素以及各种小道消息，投资策略采用的是追涨杀跌以及在大肆炒作中寻找商机。

（2）上市企业质量低。

首先，中国有相当一部分上市企业未建立完善的现代企业管理制度，披露的盈利指标不能反映企业真正的经营状况，如此，股价偏离了基础价值，股票成为一种投机工具。其次，部分企业上市目的不是转换经营机制，提升管理水平，而是为了圈钱，甚至是待企业升值后更好地“掏空”。这种动机使上市企业较少派发股息和红利，而配送股、溢价发行等不合理现象频繁发生。最后，一些企业利用体制不完善，刻意隐瞒真实信息，披露虚假信息误导投资者，如此以往，挫伤了投资者信心，迫使投资者由理性投资转为投机心理。

（3）金融监管和法律建设不完善。

相较成熟的资本市场，中国证券市场在监管和法律法规建设均落后。在证券监管方面，监管的手段和力度不能满足迅猛发展的证券市场，违法违规事件频繁发生，违规资金大量流入股市，使股市投机性和风险增加。在法律法规建设方面，尽管已经出台了一些法律，如《中华人民共和国证券法》《中华人民共和国证券投资基金法》，但在某些领域可操作性较低，如在期货和融资融券等方面还没有严格意义上的法律。此外，证券管理办法琳琅满目，没有统一的标准，监管者经常人为干预市场，这为投机的产生创造了良好条件。

4.2　中国实体经济发展现状及问题分析

4.2.1　中国实体经济发展现状

（1）实体经济投资下降。

固定资产投资是实体经济发展的基础和保障，是衡量实体经济运行状况的重要指标。表 4－6 提供了 2010～2017 年制造业固定资产投资占比和增长速度，由表中结果可知，2010～2017 年，制造业固定资产投资占比总体呈下降趋势，共下降了 5 个百分点，而制造业固定资产投资增长更是急剧下降，2017 年的增长速度仅为 2010 年的 1/7，表明制造业固定资产投资呈现下滑趋势，社会资金对实体经济的投资热度在下降，而固定资产投资是实体企业扩大化再生产的源动力，因此，以制造业为主体的实体经济发展后劲不足。

表 4-6　　制造业固定资产投资情况

年份	2010	2011	2012	2013	2014	2015	2016	2017
INV1	35.21	32.98	33.24	33.10	32.62	32.09	30.99	30.21
INV2	22.71	14.76	19.28	17.05	12.29	7.69	4.12	3.01

注：数据来源于国家统计局，INV1 为制造业固定资产投资在固定资产总投资中的占比，INV2 为制造业固定资产投资的增长速度。

（2）实体经济产出和盈利下降。

工业企业产出增加值和利润是衡量工业企业生产能力和盈利能力的重要指标，而工业经济是实体经济的主体，因此，这两个指标在一定程度上反映了实体经济的生产和盈利能力。表 4-7 提供了规模以上工业企业产出和盈利能力情况，由表中结果可知，2010~2016 年，规模以上工业企业产出和盈利能力整体呈下降趋势，其中，产出能力下降了 9.7 个百分点，盈利能力下降了 2.42 个百分点。表明工业企业生产能力和盈利能力均在下降，经济效益不高，同时也反映了中国实体经济低迷和疲软的状况。

表 4-7　　工业企业产出和盈利能力

年份	2010	2011	2012	2013	2014	2015	2016	2017
PROD	15.70	13.90	10.00	9.70	8.30	6.10	6.00	6.60
PROF	9.49	9.00	7.91	7.78	7.13	6.76	7.07	—

注：数据来源于国家统计局，PROD 为工业企业产出增加值同比，PROD 为工业企业利润率。

（3）实体经济与虚拟经济结构失衡。

近年来，中国以制造业为主体的实体经济和以金融业、房地产为主体的虚拟经济的结构出现了明显失衡。表 4-8 提供了 2010~2017 年中国虚拟经济和实体经济的结构情况，由表中结果可知，2010~2017 年，工业增加值在国民经济的占比逐年下降，总共降低了 6.16 个百分点，而虚拟经济在国民经济的占比总体呈现增长趋势，总共增加了 2.59 个百分点。表明中国实体经济与虚拟经济出现了严重的结构性失衡，虚拟经济发展迅猛，而实体经济在发展过程中遭遇困境，经济在发展过程中出现了“脱实向虚”的症状。

表 4-8　　虚拟经济与实体经济结构

年份	2010	2011	2012	2013	2014	2015	2016	2017
M1/GDP	40.07	39.99	38.79	37.50	36.47	34.48	33.49	33.91
M2/GDP	11.95	12.06	12.34	13.02	13.20	14.52	14.77	14.54

注：数据来源于国家统计局，M1 表示虚拟经济，包括金融业和房地产增加值，M2 为工业增加值。

4.2.2 中国实体经济问题分析

（1）实体经济成本大幅增加。

中国实体企业运营成本持续上涨，挤压盈利空间，使实体企业竞争力下降。近些年，在货币政策和财政政策的刺激下，中国通货膨胀开始显现，生产资料价格和劳动力大幅飙升，而市场需求并无明显好转，企业家信心下降，部分实体企业退出实体产业。此外，中国是以流转税为主体税种，征税环节多，税负负担重，对于实体经济主体的广大中小微企业，从事行业的创新程度较低、产业较为单一，偏重的税负挤占了实体企业盈利空间，导致实体企业发展环境恶化，进而影响实体经济发展。

（2）实体经济内生发展动力不足。

在相当长一段时间，中国经济增长模式都是粗放型，低廉的生产要素成本和广阔的消费市场，使绝大多数领域投资运营门槛较低，这迅速推动中国成为全球制造业大国，但同时也导致很多实体企业在创新领域的“懒惰”，即使有利可图，实体企业主动研发创新的意愿也不强，由此，高端人才短缺、研发投入偏少成为一种常态，进而导致中国在核心技术和高端装备技术方面受制于人，制造业长期处于全球产业链中低端，非常脆弱。由于缺少核心竞争力，一旦运营成本增加、市场萎靡，企业迅速陷入困境，实体领域投资的吸引力下降，研发创新难以为继，使实体经济发展陷入恶性循环。

（3）政府监管与引导的缺位。

实体企业逐利动机引致的“脱实向虚”不仅是企业自身投资决策引起的，同时也是政府监管和引导缺位的结果。近些年，中国经济已经逐渐告别了计划经济体制，强调市场在资源配置中的基础性作用，充分发挥市场调节作用，但在实体企业纷纷脱离主业涉足金融和房地产领域时没有进行有效监督和引导。长期以来，中国金融市场存在“以钱圈钱”的乱象，资本市场投机主义更是大行其道，但政府门监管部门并没有采取有效措施予以控制，使实体企业在金融市场中有着强烈的套利动机，进而导致“脱实向虚”现象。

4.3 本章小结

通过前面的分析可知，近些年，中国实体经济持续低迷和疲软，实体经济在发展过程中出现了“脱实向虚”，而对于中国股票市场，走势跌宕起伏，存在严重的过度投机行为，股市与实体经济发展呈现明显背离状态。那么，股市过度投机行为与实体经济发展是否存在关联呢？如果有关联，则具体的传导路径和作用机制又是如何的呢？这些均需要进一步的理论解读和实证分析加以支持，这也是本书下两章的主要任务。

第5章 股市过度投机对实体经济影响的实证分析

5.1 理论假设与计量模型

5.1.1 理论假设

Tobin（1965）认为，金融投资与实物投资之间具有一定的替代性，倘若金融投资收益率高于实物投资回报率，那么资金将更多地流向金融领域，导致生产设备方面的实物投资减少，由此造成实体经济出现负乘数效应。Harrison 和 Kreps（1978）认为，当股市投机性活动增加时，投资者对风险资产的预期回报超出实物投资，因而资金更多地流向股市，导致实业领域投资不足。Bhide（1993）提出，股市流动性上升后，投资者可通过快速出售股票的方式表达对管理层的不满，因此对经理人进行监管的积极性下降，导致股市配置资金的效率降低，进而损害实体经济的发展。Arestis 和 Demetriades（1997）认为，金融自由化助长了投机交易，导致资本脱离了为实体经济服务的本质，例如，当投资者认定短期炒作行为可获益匪浅而中长期投资则损失惨重时，那么大量企业家可能失去认真从事实业经营的动力，转而冒险将所获信贷资金投入股市，导致企业家才能和创业精神逐渐被引入虚拟经济领域。Caballero 和 Krishnamurthy（2006）提出，资产泡沫引发投机盛行，金融市场出现虚假繁荣，同时，资产价格大幅偏离其内在价值，导致金融体系脆弱性增加，而一旦泡沫破灭，实体经济将剧烈震荡。Martin 和 Ventura（2012）提出，价格泡沫膨胀可吸引更多的参与者追求短期投机，导致生产性投资或社会有效投资减少、工业部门萎缩且资源配置效率降低，因而实体经济缺乏长期增长的动力。

叶青和易丹辉（2000）认为，证券市场的风险累积到一定程度后，价格会出现非理性的巨幅波动，如资产虚假增值然后迅速贬值或资产大幅贬值随后迅速增值，从而对投资者、企业乃至国民经济产生不利影响。张屹山和郑蕾芸（2001）认为，如果市场上存在大量的非理性投机或严重的价格操纵行为，导致股价脱离实体经济的支撑，那么实体经济将沦为投机活动的副产品。吴晓求（2006）认为，利润是企业可持续发展的原动力，一旦股市投机热度升高，资金逐利套利的天性与企业家自私贪婪的人性深度结合，原本用于实业的资金在资本市场的非理性诱惑下源源不断地流入股市，那么虚拟经济将严重背离实体经济。刘昌黎（2009）认为，股市投机干扰了市场竞争，上市企业之间的良性竞争变为炒买炒卖者之间把握机会的竞争，导致价格形成机制扭曲、金融"市场失灵"且虚拟经济脱离实体经济的发展轨道。朱鸿鸣和赵昌文（2015）提出，金融市场占用了大量的资金、人才和技术等要素，导致生产领域的创新性投入不足，因此实体经济的增长潜力下降。苏治等（2017）认为，倘若股市处于非理性状态，那么资产泡沫对经济增长将产生抑制作用，如生产部门的信贷约束加大且产出减少，同时，资金从产品研发部门流出，进入虚拟资产部门，直接阻碍了经济的长期增长。

根据上述分析，本书提出以下假设：

假设 H5 - 1：省区市的股市过度投机交易活跃度越高，当地实体企业的生产要素投入越低。

假设 H5 - 2：省区市的股市过度投机交易活跃度越高，当地实体企业的生产产出越低。

假设 H5 - 3：省区市的股市过度投机交易活跃度越高，当地实体企业的生产效率越低。

何德旭等（2002）认为，如果企业更倾向于通过股市进行直接融资以获取长期发展资金，那么商业银行信贷需求必然随之减少，同时，股市交投活跃度越高，居民储蓄增长率就越低，因此股市与银行储蓄变动呈负相关关系。宋清华（2002）认为，商业银行与资本市场之间存在竞争关系，如果股市处于上行阶段且交投活跃度高，那么资本逐利性将促使商业银行部分资金流向股市，进而对企业信贷可得性造成负面影响。高莉和樊卫东（2002）发现，当股市处于牛市行情时，资金流入显著增加，而银行贷款则显著下降。Burdekin 和 Redfern（2009）发现，我国股市投资者情绪与居民储蓄增长之间呈显著的负相关关系，如果股市交投活跃度或市场流动性上升，那么储蓄增长速度就下降。鞠晓生等（2015）认为，现阶段我国股市融资功能尚不够完善，银行间接融资仍是企业获取外部融资的主要途径。本书认为，鉴于存款是商业银行最稳定的资金来源，而在股市过度投机程度高的地区，投资者资金将从商业银行不断流出进入股市，导致银行可供信贷总量持续减少，因此当地企业的融资可得性下降，企业面临的融资约束增加。在上述分析的基础上，本书提出以下假设：

假设 H5－4：省区市的股市过度投机交易活跃度越高，当地实体企业的融资约束就越大。

Stiglitz 和 Weiss（1981）、Bester（1985）从信息不对称的视角分析小企业“融资难”问题，认为小企业信用记录少，而且无法向银行提供可靠的材料证明自身的风险状况，因此银行经常拒绝小企业的信贷申请以规避风险。Petersen 和 Rajan（1994）从企业与债权人关系的角度研究小企业“融资难”问题，认为金融机构难以确定小企业的贷款规模和利率，只能借助信贷员与企业之间的“私人”关系以及企业的社会声誉进行决策，因此，如果小企业与金融机构的关系疏远，那么获取贷款的概率将大幅降低或应付利率将大幅上升。林毅夫和李永军（2001）认为，我国金融体制以大银行高度集中为重要特征，而大型金融机构天生不适合为中小企业服务，这就不可避免地造成中小企业“融资难”的局面，因此直接融资才是中小企业主要的融资方式。肖兰华和金雪军（2010）认为，我国中小企业缺乏足够的抵押物品，而银行为控制信贷风险，避免出现“逆向选择”，就必然对中小企业“慎贷”和“惜贷”并实行严格的信贷配给，从而加剧了中小企业“融资难”的程度。由此可见，中小企业面临较大的融资约束，因此化解外部冲击的能力较弱，而大企业拥有更多的优质资产和信用记录，容易获取银行的信贷支持，因此具有较强的抗外部冲击能力。根据上述分析，本书提出以下假设：

假设 H5－5：省区市的股市过度投机交易活跃度对中小型实体企业融

资约束、生产要素投入以及产出和生产效率的负面影响高于大型企业。

Huang（2003）认为，鉴于经济方面的业绩是考核地方政府官员最重要的因素之一，而外商投资企业有助于推高当地就业和经济发展，所以地方政府愿意采取优惠措施以吸引新增外资，如通过给银行施压或提供财政担保，让外资企业享受较低利率或更宽松的贷款条件，因此外资企业通常比内资企业更具竞争优势。Poncet 等（2007）认为，外资企业不仅能在东道国融资，还可直接向母公司或母国金融机构寻求支持，因此比内资企业拥有更雄厚的财力。余子良和佟家栋（2016）使用 1998 ~ 2007 年我国工业企业数据，发现外资企业拥有多元化的销售市场，有助于企业防范需求方面的负面冲击并获得稳定的现金流，从而降低潜在的违约风险并缓解外部融资约束。曾亚敏和张俊生（2016）使用 2005 年世界银行企业调查数据，发现外资企业通常来自发达国家，比内资企业更注重维护企业信誉，如在清偿债务方面保持较好的信用记录，也就拥有更高的信贷额度。由此可见，外资企业比内资企业更容易获取银行的信贷支持，也就更有能力应对外部冲击；一旦外资企业从国内信贷市场持续借入资金，那么内资企业面临的融资约束必然增加，所受外部负面冲击的影响也就更大。根据上述分析，本书提出以下假设：

假设 H5 - 6：省区市的股市过度投机交易活跃度对内资实体企业融资约束、生产要素投入以及产出和生产效率的负面影响高于外资实体企业。

5.1.2　计量模型

为检验假设 H5 - 1 ~ H5 - 4，本书构建以下面板数据计量模型：

$$Y_{i,t} = \beta_0 + \beta_1 SPECR_{i,t-1} + \gamma X_{i,t-1} + \eta_i + \varepsilon_{i,t} \tag{5-1}$$

其中，$Y_{i,t}$分别为 t 年度企业 i 的融资约束、生产要素投入、产出和生产率，$SPECR_{i,t-1}$为上年度企业 i 所属省区投资者的股市过度投机交易活跃度，X 包括资产规模、成立年龄、盈利能力、成长性和资产有形性等企业层面控制变量，η_i为不可观察的个体效应，$\varepsilon_{i,t}$为随机扰动项。当因变量 $Y_{i,t}$为生产要素投入、产出、盈利和生产率时，假设 H5 - 1 至 H5 - 3 中要求省区市的股市过度投机的系数估计值 $\hat{\beta}_1 < 0$；当因变量为融资约束时，假设 H5 - 4 要求省区市的股市过度投机的系数估计值 $\hat{\beta}_1 < 0$，这是由于本

书采用企业获取的外部现金和内部资金衡量融资约束，该指标值越大，对应的融资约束值越小。

为检验假设 H5 - 5，按资产规模将企业划分为大、中、小三分位数，然后估计以下扩展模型：

$$Y_{i,t} = \delta_0 + \delta_1 SPECR_{i,t-1} + \delta_2 SMALL_{i,t} + \delta_3 SPECR_{i,t-1} \times SMALL_{i,t} + \gamma X_{i,t-1} + \eta_i + \varepsilon_{i,t} \quad (5-2)$$

其中，$SMALL_{i,t}$为企业规模虚拟变量，样本为中小型企业时，$SMALL_{i,t}$取值为 1，否则取值为 0。假设 H5 - 5 要求省区市的股市过度投机与企业规模交乘项$SPECR_{i,t-1} \times SMALL_{i,t}$的系数估计值 $\hat{\delta}_3 < 0$。

为检验假设 H5 - 6，按产权性质将企业分为内资和外资企业，然后估计以下扩展模型：

$$Y_{i,t} = \theta_0 + \theta_1 SPECR_{i,t-1} + \theta_2 DOM_{i,t} + \theta_3 SPECR_{i,t-1} \times DOM_{i,t} + \gamma X_{i,t-1} + \eta_i + \varepsilon_{i,t} \quad (5-3)$$

其中，$DOM_{i,t}$为产权性质虚拟变量，样本为内资企业时，$DOM_{i,t}$取值为 1，否则取值为 0。假设 H5 - 6 要求省区市的股市过度投机与企业产权性质交乘项$SPECR_{i,t-1} \times DOM_{i,t}$的系数估计值 $\hat{\theta}_3 < 0$。

5.2 变量选取

(1) 股市过度投机交易活跃度（SPECR）。

Scheinkman 和 Xiong（2003）、胡聪慧等（2016）等提出，股票价格由基本价值和投机性共同决定，股市交易可分为基于经济基本面的价值投资或长线投资以及偏离经济基本面的短线投机。为此，本书分别以股市交易活跃度为因变量，以经济基本面因素为自变量进行回归分析，进而排除了经济基本面因素对成交额的干扰，然后使用回归残差衡量省区市的股市过度投机程度。具体构建过程如下：

首先，通过以下三个指标衡量省区市股市交易活跃度：

SPECU1：省区市投资者当年股市成交额与 GDP 比值。如果省区市流入与流出股市的资金越多，那么 SPECU1 取值就越大，股市交易活跃度也就越高，同时，股票在投资者手中停留的时间缩短，表明投机活动越严重。

SPECU2：省区市投资者当年股市成交额相对于上年成交额的增长率。如果省区市流入与流出股市的资金超过上一年度，那么 SPECU2 取值为正，表明该省区市投资者进入股市的速度加快，整体交易活跃度上升，因此投机性变强。

SPECU3：省区市股市成交额（SPECU1）的波动性。具体算法如下：

$$SPECU3_{i,t-1} = \sqrt{\left(\frac{1}{3}\right)\sum_{t=-2}^{0}(SPECU1_{i,t-1} - SPECU1_{i,t-2})^2} \tag{5-4}$$

如果 SPECU3 增大，那么股市交易活跃度上升，表明该省区市投资者的投机行为越发盛行。

其次，鉴于股市成交额包含基于经济基本面的价值投资或长线投资以及偏离经济基本面的短线投机，因此本书分别以 SPECU1、SPECU2 以及 SPECU3 为因变量，以省区市 GDP 增长率（GDP）、财政支出占 GDP 比重（EXPEND）以及固定资产投资占 GDP 比重（INVEST）为自变量进行以下回归：

$$SPECU_{i,t} = \alpha_0 + \alpha_1 GDP_{i,t} + \alpha_2 EXPEND_{i,t} + \alpha_3 INVEST_{i,t} + \varepsilon_{i,t} \tag{5-5}$$

回归残差 SPEC1R、SPEC2R 和 SPEC3R 排除了基于经济基本面因素以及长线投资的股市交易活跃度，因此可用于度量股市过度投机交易活跃度。

（2）融资约束（IC）。

分别使用信贷资金占总资产比例（CREDIT）和现金流占总资产比例（CASH）衡量实体企业获取外部资金和内部资金的难易程度。鉴于工业企业数据库仅提供每年应付利息额，因此本书根据当年银行贷款利率推算出企业所获贷款，在此基础上计算信贷资金占总资产比率。CREDIT 越大，表明企业获取贷款的能力越强，因此外源性融资约束就越小。CASH 越大，表明企业现金流越充裕，因此内源性融资约束就越小。

（3）投入与产出。

通过固定资产与总资产比率（K）和员工人数的自然对数（L）衡量企业投入，通过工业总产值与总资产比率（INCOME）和产品销售收入与总资产比率（SALE）衡量企业产出。

（4）生产率。

通过单要素生产率（TFP1）和全要素生产率（TFP2）衡量企业生产率，其中，TFP1为工业总产值与员工人数比率的自然对数，TFP2的估算过程如下：

首先，估计以下Cobb－Douglas生产函数：

$$VAL_{i,t} = \alpha L_{i,t} + \beta KA_{i,t} + \mu_{i,t} \tag{5-6}$$

其中，VAL为工业增加值的自然对数，KA和L分别为固定资产和员工数的自然对数，回归残差 $\hat{\mu}_{i,t}$ 为企业生产率。

其次，鉴于使用OLS估计企业生产函数存在选择性偏差和内生性问题，因此本书采用Levinsohn和Petrin（2003）提出的LP法，以中间投入为代理变量修正模型（5－6）如下：

$$VAL_{i,t} = \alpha L_{i,t} + \beta\varphi(KA_{i,t}, m_{i,t}) + \mu_{i,t} \tag{5-7}$$

其中，$VAL_{i,t}$ 为工业增加值，$m_{i,t}$ 为工业中间投入，$\varphi(KA_{i,t}, m_{i,t})$ 为资本存量和工业中间投入的函数，部分年份工业增加值和工业中间投入缺失数据借鉴Cai和Liu（2009）的方法估算补齐，即工业中间投入＝工业总产值－企业利润－财务费用－工资－当期折旧－增值税，工业增加值＝工业总产值－工业中间投入＋增值税。

取得 α 和 β 估计值后，通过下式估算TFP2：

$$TFP2_{i,t} = VAL_{i,t} - \hat{\alpha} L_{i,t} - \hat{\beta} KA_{i,t} \tag{5-8}$$

根据数据可得性和相关性，本书使用以下企业层面控制变量：

（5）资产规模（SIZE）：借鉴马述忠（2017）的研究，本书采用总资产的自然对数衡量资产规模。就资产规模而言，该指标值越大，企业可抵押的资产越多，融资约束越小，生产能力越强，反之亦然。

（6）盈利能力（EARN）：借鉴董香书和肖翔（2017）的研究，本书采用企业当年利润与总资产之比衡量盈利。就盈利能力而言，该指标值越大，企业现金流越大，可投入生产的资金越多，融资约束越小，生产能力越强，反之亦然。

（7）成长性（GROWTH）：借鉴黄俊等（2013）的研究，本书采用销售收入增长率衡量成长性，就成长性而言，该指标值越大，企业规模扩张越快，需要的资金越多，融资约束越大，生产能力越弱，反之亦然。

（8）资产负债率（LEV）：借鉴王智波和李长洪（2015）的研究，本书采用总负债与总资产之比衡量资产负债率，就资产负债率而言，该指标值越大，企业需要偿还的债务越多，融资约束越大，生产能力越弱，反之亦然。

(9) 资产有形性 (TANGIB)：借鉴苏冬蔚和曾海舰 (2009) 的研究，本书采用存货与固定资产之和除以总资产衡量资产有形性，就资产有形性而言，该指标值越大，企业的存货和固定资产越高，可用于贷款抵押的资产越多，企业融资约束越小，生产能力越强，反之亦然。

(10) 企业年龄 (AGE)：借鉴盛丹和李蕾蕾 (2018) 的研究，本书采用样本数据年份减去企业成立年份之后取对数衡量企业成立年龄。就企业年龄而言，该指标值越大，企业成立时间越长，信用记录越完善，有利于获得融资，企业融资约束越小，生产能力越强，反之亦然。

(11) 行业变量 (IND)：鉴于我国行业代码分类曾多次出现调整，所以本书根据中国证监会于 2011 年制订的上市公司行业指引重新构建工业企业数据库中的二级行业代码，并在此基础上设置相应的行业虚拟变量。

5.3　数据来源和筛选

(1) 数据来源。

本书实体企业的原始样本来自 1998～2013 年国家统计局工业企业数据库。该数据库包含我国全部国有企业以及年收入超过 500 万元的民营企业 (不含金融和房地产业)，涵盖了中国工业企业的绝大部分，其销售额占工业企业销售额的近 90%，近似于一个全样本 (聂辉华等，2012)，因此，该数据库可以作为研究我国实体经济发展的代表性样本。为获取非上市企业资料，本书通过手工搜集获得上市公司的法人代码，然后与数据库的相关企业代码进行匹配，在此基础上删除所有上市公司样本。另外，本书从历年《上海交易所统计年鉴》和《深圳交易所统计年鉴》获取各地区证券营业部的股票交易额，然后按省区市和年度汇总，形成 31 省区市投资者的股票成交额。

(2) 数据说明。

本书选取的实体企业将上市企业排除在外，这主要是因为：首先，股市本身就是为上市企业提供直接融资的场所，上市企业可以从股市获得资金而缓解融资约束；其次，股市投机与上市公司行为之间可能具有相互影响和相互作用的内生性关系，如苏冬蔚和熊家财（2003）、冯根福等（2017）的实证研究表明上市企业的公司治理和经营绩效均会受到股票交易（换手率）的影响，而 Peng 等（2011）发现，股票交投活跃程度提高后，大股东更有动力“掏空”企业，从而引发该股新一轮的炒作。

（3）数据处理。

为保证数据具有较高的一致性，对非上市实体企业样本进一步处理如下：①剔除员工数小于 10 的企业；②剔除超过一个法人代码的企业；③剔除明显不符合会计原则的观测值，如总资产小于流动资产、累计折旧小于本年折旧以及主营业务收入大于总收入等样本；④剔除总资产、固定资产合计、固定资产年均余额、销售收入或主营业务收入、全体从业人员年平均数、工业总产值或工业中间投入合计等指标为缺省、零值或负值的企业；⑤剔除利息支出为负值的企业；⑥剔除经营时间不足 3 年的企业。鉴于相关变量需要取滞后三期的数据，因此最终样本为 2001 ~ 2013 年 472156 家企业共 2135164 个观测值且为非平衡面板数据。

5.4 描述性统计

表 5 - 1 提供了各变量的描述性统计结果。由表中结果可见，股市成交额与 GDP 比率（SPECU1）的均值为 1.1128，标准差为 1.5127，最小值和最大值分别为 0.025 和 12.85，表明股市交投活跃度高，年总成交额平均约为当地 GDP 的 1.11 倍，但不同省区市和年份存在很大差异；股市成交额年增长率（SPECU2）的均值约为 47.6%，表明投资者参与股市的积极性逐年大幅增加；股市成交额波幅（SPECU3）的均值约为 99.1%，标准差为 95.8%，最小值和最大值分别为 8.3% 和 348.9%，表明我国股市符合典型投机市的特征，资金频繁进出上证和深证且资金流动很不稳定；残差 SPEC1R、SPEC2R 和 SPEC3R 的标准差分别为 147.9%、125.5% 和 94.4%，表明 SPECU1、SPECU2 及 SPECU3 三者与省区市经济变量回归的拟合优度 $\bar{R}_2$ 均很小，换言之，股市交易活跃度的变动基本全部来自投机性交易；CREDIT、CASH 和 LEV 的均值分别为 0.2657、0.1903 和 0.5666，

表明信贷资金和现金流占总资产的比例较低而资产负债率负债则维持在合理水平；关于实体企业投入，固定资产与总资产比例均值为0.41，平均员工数为294人；关于实体企业产出，INCOME、SALE和GROWTH的均值分别为2.7146、2.6503和23.22%，表明工业总产值与产品销售收入均超出总资产且销售收入增长率较高，但利润与总资产之比（EARN）的均值仅为0.098，表明实体企业平均盈利能力较低；另外，人均工业产值均值为26.8万元，从1998年的19.6万元，增加到2013年的44.1万元，人均工业增加值的年度增长均值为1.63万元。

表5-1　描述性统计值

	观测值	均值	标准误	最小值	最大值
SPECU1	403	1.11284	1.51275	0.02510	12.84848
SPECU2	403	0.47596	1.27413	-0.52963	5.68078
SPECU3	403	0.99055	0.95795	0.08305	3.48856
SPEC1R	403	-0.00276	1.47911	-1.41601	11.42687
SPEC2R	403	-0.00153	1.25516	-1.39196	4.97617
SPEC3R	403	-0.00119	0.94391	-1.03628	2.50306
CREDIT	2135164	0.21143	0.27158	0	0.94483
CASH	2135164	0.19027	0.23209	-0.25204	0.89269
K	2135164	0.41489	0.34004	0	0.95651
L	2135164	5.00436	0.99559	2.30258	8.47010
INCOME	2135164	2.71462	2.93924	0.03952	11.76863
SALE	2135164	2.65030	2.86729	0.04566	11.50081
TFP1	2135164	5.59271	1.16456	2.12846	7.49164
TFP2	2135164	4.45169	1.05801	0.79741	12.12196
SIZE	2135164	10.08263	1.31472	6.55108	12.74805
LEV	2135164	0.56661	0.25942	0.04971	0.97963
TANGIB	2135164	0.52790	0.22165	0.14105	0.90031
EARN	2135164	0.09836	0.14990	-0.10336	0.54032
GROWTH	2135164	0.23223	0.46128	-0.43244	1.47571
AGE	2135164	11.90257	9.99459	3	57

注：为缓解极端值的影响，本书对企业层面变量进行Winsorize处理，剔除了最大和最小1%的极端值。

5.5 实证结果

5.5.1 股市过度投机与投入

表 5-2 提供了股市过度投机交易活跃度与实体企业生产要素投入的回归估计结果。由表中结果可见，无论因变量为固定资产与总资产比率（K）还是员工人数（L），$\hat{\beta}_1$ 均在 1% 水平上统计显著为负，表明省区市的股市过度投机交易活跃度越高，当地实体企业的生产要素投入就越少，因此假设 H5-1 无法被拒绝。此外，研究还发现，排除经济基本面因素之后的省区市股市成交额与 GDP 比率每上升 100 个百分点，实体企业固定资产比率和员工数增长率就分别下降 1.21 个和 1.65 个百分点；省区市股市成交额增长率每上升 100 个百分点，实体企业固定资产比率和员工数增长率就分别下降 2.1 个和 2.14 个百分点；省区市股市成交额波幅每上升 100 个百分点，实体企业固定资产比率和员工数增长率就分别下降 6.12 个和 7.68 个百分点。

表 5-2　　股市过度投机对实体企业生产要素投入的影响

变量	K			L		
	SPEC1R	SPEC2R	SPEC3R	SPEC1R	SPEC2R	SPEC3R
SPECR	-0.01209*** (0.00029)	-0.02100*** (0.00023)	-0.06125*** (0.00061)	-0.01656*** (0.00034)	-0.02142*** (0.00022)	-0.07685*** (0.00047)
LEV	-0.34569*** (0.00589)	-0.34371*** (0.00586)	-0.34658*** (0.00583)	-0.06992*** (0.00395)	-0.06472*** (0.00375)	-0.06798*** (0.00370)
SIZE	0.12580*** (0.00302)	0.12913*** (0.00294)	0.10957*** (0.00293)	0.16009*** (0.00159)	0.15396*** (0.00156)	0.17957*** (0.00156)
TANGIB	0.15747*** (0.00632)	0.15625*** (0.00630)	0.16676*** (0.00629)	-0.03748*** (0.00413)	-0.03823*** (0.00411)	-0.02567*** (0.00405)
EARN	0.26253*** (0.01061)	0.25870*** (0.01057)	0.27881*** (0.01050)	0.43394*** (0.00532)	0.42851*** (0.00528)	0.45386*** (0.00519)

续表

变量	K			L		
	SPEC1R	SPEC2R	SPEC3R	SPEC1R	SPEC2R	SPEC3R
GROWTH	-0.03106*** (0.00070)	-0.03065*** (0.00070)	-0.03489*** (0.00072)	-0.01538*** (0.00055)	-0.01466*** (0.00055)	-0.02009*** (0.00055)
AGE	0.01854*** (0.00027)	0.01776*** (0.00026)	0.01875*** (0.00027)	0.01645*** (0.00021)	0.01541*** (0.00020)	0.01663*** (0.00021)
常数项	1.61966*** (0.03109)	1.66421*** (0.03013)	1.45643*** (0.03005)	3.25952*** (0.01669)	3.33430*** (0.01638)	3.06430*** (0.01630)
HAUSMAN	2905.97	3250.90	3404.02	6095.11	2224.21	8064.30
Adj - R^2	0.3986	0.4241	0.3885	0.3245	0.3123	0.3472

注：K 为固定资产与总资产比率，L 为员工人数的自然对数，SPEC1R 为省区市股市成交额与 GDP 比值 SPECU1 和省区市经济变量回归的残差，SPEC2R 为省区市股市成交额增长率 SPECU2 和省区市经济变量回归的残差，SPEC3R 为省区市股市成交额波幅 SPECU3 和省区市经济变量回归的残差；所有回归均包含时间和个体效应以及行业虚拟变量，样本观测值数为 2135164。括号内的数值为异方差稳健标准误，*** 表示 t 值（双尾）在 1% 水平上统计显著；Hausman 检验结果在 1% 水平上拒绝了随机效应，因此使用固定效应估计表中所有面板数据模型。

5.5.2　股市过度投机与产出

表 5-3 提供了股市过度投机交易活跃度与实体企业产出的回归估计结果。由表中结果可见，无论因变量为工业总产值与总资产比率（INCOME）还是产品销售收入与总资产比率（SALE），$\hat{\beta}_1$ 均在 1% 水平上统计显著为负，表明省区市的股市过度投机交易活跃度越高，当地实体企业的产出就越少，因此假设 H5-2 无法被拒绝。此外，研究还发现，排除经济基本面因素之后的省区市股市成交额与 GDP 比率每上升 100 个百分点，实体企业工业产值比率和产品销售收入比率就分别下降 6.07 个和 5.94 个百分点；省区市股市成交额增长率每上升 100 个百分点，实体企业工业产值比率和产品销售收入比率就分别下降 17.97 个和 17.49 个百分点；省区市股市成交额波幅每上升 100 个百分点，实体企业工业产值比率和产品销售收入比率就分别下降 54.20 个和 52.99 个百分点。

表 5－3　　股市过度投机对实体企业产出的影响

变量	INCOME			SALE		
	SPEC1R	SPEC2R	SPEC3R	SPEC1R	SPEC2R	SPEC3R
SPECR	−0.06068*** (0.00285)	−0.17972*** (0.00239)	−0.54196*** (0.00616)	−0.05943*** (0.00281)	−0.17486*** (0.00235)	−0.52989*** (0.00606)
LEV	−2.47992*** (0.05703)	−2.46473*** (0.05680)	−2.48975*** (0.05667)	−2.43901*** (0.05596)	−2.42421*** (0.05573)	−2.44862*** (0.5560)
SIZE	1.46598*** (0.02757)	1.46680*** (0.02683)	1.29229*** (0.02653)	1.42313*** (0.02713)	1.42418*** (0.02641)	1.25338*** (0.02612)
TANGIB	−0.64461*** (0.06259)	−0.66026*** (0.06241)	−0.56798*** (0.06215)	−0.63241*** (0.06152)	−0.64759*** (0.06139)	−0.55747*** (0.06113)
EARN	7.41609*** (0.12774)	7.39877*** (0.12726)	7.57684*** (0.12701)	7.35264*** (0.12595)	7.33565*** (0.12549)	7.50978*** (0.12523)
GROWTH	−0.21267*** (0.00789)	−0.21211*** (0.00786)	−0.24981*** (0.00775)	−0.21273*** (0.00779)	−0.21216*** (0.00776)	−0.24904*** (0.00789)
AGE	0.18734*** (0.00256)	0.18318*** (0.00250)	0.19191*** (0.00261)	0.18575*** (0.00252)	0.18497*** (0.00251)	0.19021*** (0.00257)
常数项	17.27919*** (0.28281)	17.36303*** (0.27465)	15.51282*** (0.27187)	16.76689*** (0.27843)	16.85110*** (0.27044)	15.04051*** (0.26773)
HAUSMAN	3244.31	3721.28	4130.07	3241.63	3712.42	4118.59
Adj－R^2	0.2485	0.2536	0.2523	0.2473	0.2524	0.2508

注：INCOME 为工业总产值与总资产比率，SALE 为产品销售收入与总资产比率，SPEC1R 为省区市股市成交额与 GDP 比值 SPECU1 和省区市经济变量回归的残差，SPEC2R 为省区市股市成交额增长率 SPECU2 和省区市经济变量回归的残差，SPEC3R 为省区市股市成交额波幅 SPECU3 和省区市经济变量回归的残差；所有回归均包含时间和个体效应以及行业虚拟变量，样本观测值数为 2135164。括号内的数值为异方差稳健标准误，*** 表示 t 值（双尾）在 1% 水平上统计显著；Hausman 检验结果在 1% 水平上拒绝了随机效应，因此使用固定效应估计表中所有面板数据模型。

5.5.3　股市过度投机与生产率

表 5－4 提供了股市过度投机交易活跃度与实体企业生产率的回归估计结果。由表中结果可见，无论因变量为人均工业总产值（TFP1）还是全要素生产率（TFP2），$\hat{\beta}_1$ 均在 1% 水平上统计显著为负，表明省区市的股市过度

投机交易活跃度越高，当地实体企业的生产率就越低，因此假设 H5 -3 无法被拒绝。此外，研究还发现，排除经济基本面因素之后的省区市股市成交额与 GDP 比率每上升 100 个百分点，实体企业单要素生产率和全要素生产率就分别下降 4.22 个和 3.51 个百分点；省区市股市成交额增长率每上升 100 个百分点，实体企业单要素生产率和全要素生产率就分别下降 3.30 个和 2.38 个百分点；省区市股市成交额波幅每上升 100 个百分点，实体企业单要素生产率和全要素生产率就分别下降 8.05 个和 5.39 个百分点。

表 5 -4　　股市过度投机对实体企业生产率的影响

变量	TFP1			TFP2		
	SPEC1R	SPEC2R	SPEC3R	SPEC1R	SPEC2R	SPEC3R
SPECR	-0.04224*** (0.00078)	-0.03297*** (0.00054)	-0.08046*** (0.00104)	-0.03505*** (0.00037)	-0.02378*** (0.00027)	-0.05388*** (0.00051)
LEV	-0.04496*** (0.00447)	-0.04902*** (0.00448)	-0.04486*** (0.00442)	-0.01047** (0.00435)	-0.01359*** (0.00437)	-0.01069** (0.00433)
SIZE	0.23654*** (0.00324)	0.25682*** (0.00321)	0.23092*** (0.00318)	0.14018*** (0.00154)	0.15778*** (0.00152)	0.14169*** (0.00153)
TANGIB	0.04422*** (0.00458)	0.04338*** (0.00460)	0.02885*** (0.00454)	-0.13818*** (0.00454)	-0.13933*** (0.00456)	-0.14926*** (0.00453)
EARN	0.67189*** (0.01210)	0.68628*** (0.01212)	0.66004*** (0.01202)	0.65697*** (0.00583)	0.66903*** (0.00586)	0.65148*** (0.00583)
GROWTH	0.04320*** (0.00068)	0.04205*** (0.00070)	0.04753*** (0.00070)	0.00724*** (0.00062)	0.04175*** (0.00069)	0.04537*** (0.00069)
AGE	0.00431*** (0.00022)	0.00689*** (0.00023)	0.00558*** (0.00022)	0.00718*** (0.00022)	0.00937*** (0.00023)	0.00848*** (0.00022)
常数项	3.10081*** (0.03387)	2.86939*** (0.03329)	3.13230*** (0.03335)	2.95975*** (0.03217)	2.76093*** (0.03165)	2.94109*** (0.03198)
HAUSMAN	9921.65	10631.12	10019.13	13344.34	14738.18	13206.96
Adj - R^2	0.2345	0.2103	0.2352	0.3955	0.3618	0.3462

注：TFP1 为工业总产值与员工人数比率的自然对数，TFP2 为全要素生产率（LP 法估算），SPEC1R 为省区市股市成交额与 GDP 比值 SPECU1 和省区市经济变量回归的残差，SPEC2R 为省区市股市成交额增长率 SPECU2 和省区市经济变量回归的残差，SPEC3R 为省区市股市成交额波幅 SPECU3 和省区市经济变量回归的残差；所有回归均包含时间和个体效应以及行业虚拟变量，样本观测值数为 2135164。括号内的数值为异方差稳健标准误，***、** 分别表示 t 值（双尾）在 1%、5% 水平上统计显著；Hausman 检验结果在 1% 水平上拒绝了随机效应，因此使用固定效应估计表中所有面板数据模型。

5.5.4 股市过度投机与融资约束

表5－5提供了股市过度投机交易活跃度与实体企业融资约束的回归估计结果。由表中结果可见，无论因变量为信贷资金比例（CREDIT）还是现金流比例（CASH），$\hat{\beta}_1$均在1%水平上统计显著为负，表明省区市的股市过度投机交易活跃度越高，当地实体企业的外源性和内源性融资约束就越大，因此假设H5－4无法被拒绝。此外，研究还发现，排除经济基本面因素之后的省区市股市成交额与GDP比率每上升100个百分点，实体企业信贷资金比例和现金流比例就分别下降0.59个和0.70个百分点；省区市股市成交额增长率每上升100个百分点，实体企业信贷资金比例和现金流比例就分别下降1.45个和1.41个百分点；省区市股市成交额波幅每上升100个百分点，实体企业信贷资金比例和现金流比例就分别下降2.19个和4.65个百分点。

表5－5　　股市过度投机对实体企业融资约束的影响

变量	CREDIT			CASH		
	SPEC1R	SPEC2R	SPEC3R	SPEC1R	SPEC2R	SPEC3R
SPECR	−0.00592*** (0.00034)	−0.01452*** (0.00018)	−0.02192*** (0.00037)	−0.00699*** (0.00025)	−0.014145*** (0.00021)	−0.04646*** (0.00054)
LEV	−0.00748** (0.00303)	−0.00863*** (0.00302)	−0.00711** (0.00303)	−0.21991*** (0.00497)	−0.21862*** (0.00495)	−0.22068*** (0.00494)
SIZE	0.00322*** (0.00121)	0.00441*** (0.00118)	0.00992*** (0.00118)	0.08140*** (0.00238)	0.08290*** (0.00232)	0.06767*** (0.00230)
TANGIB	0.00578* (0.00322)	0.00428 (0.00320)	0.00895*** (0.00322)	−0.01669*** (0.00548)	−0.01766*** (0.00547)	−0.00992* (0.00545)
EARN	0.18368*** (0.00654)	0.18299*** (0.00651)	0.19000*** (0.00653)	0.81938*** (0.01187)	0.81721*** (0.01183)	0.83251*** (0.01180)
GROWTH	−0.01172*** (0.00046)	−0.01181*** (0.00046)	−0.01318*** (0.00047)	−0.02708*** (0.00069)	−0.02688*** (0.00069)	−0.03014*** (0.00070)
AGE	0.00684*** (0.00013)	0.00662*** (0.00013)	0.00699*** (0.00013)	0.01473*** (0.00021)	0.01427*** (0.00021)	0.01502*** (0.00022)

续表

变量	CREDIT			CASH		
	SPEC1R	SPEC2R	SPEC3R	SPEC1R	SPEC2R	SPEC3R
常数项	0. 11830 *** (0. 01251)	0. 11162 *** (0. 01216)	-0. 05041 *** (0. 01221)	0. 95136 *** (0. 02449)	0. 97336 *** (0. 02376)	0. 81239 *** (0. 00237)
HAUSMAN	1856. 84	1971. 21	2060. 88	3884. 48	4221. 73	4534. 57
$Adj-R^2$	0. 2174	0. 2590	0. 2574	0. 1927	0. 1890	0. 1897

注：CREDIT 为信贷资金占总资产比例，CASH 为现金流占总资产比例，SPEC1R 为省区市股市成交额与 GDP 比值 SPECU1 和省区市经济变量回归的残差，SPEC2R 为省区市股市成交额增长率 SPECU2 和省区市经济变量回归的残差，SPEC3R 为省区市股市成交额波幅 SPECU3 和省区市经济变量回归的残差；所有回归均包含时间和个体效应以及行业虚拟变量，样本观测值数为 2135164。括号内的数值为异方差稳健标准误，*** 、** 和 * 分别表示 t 值（双尾）在 1% 、5% 和 10% 水平上统计显著；Hausman 检验结果在 1% 水平上拒绝了随机效应，因此使用固定效应估计表中所有面板数据模型。

5. 5. 5　股市过度投机对不同规模实体企业的影响

（1）股市过度投机对不同规模实体企业融资约束的影响。

表 5 -6 提供了股市过度投机对不同规模实体企业融资约束影响的实证结果。由表中结果可见，股市过度投机交易活跃度的系数估计值 $\hat{\delta}_1$ 均在 1% 水平以上统计显著为负，表明省区市的股市过度投机交易对当地实体企业融资约束存在负面影响；栏（1）至栏（6）中企业规模虚拟变量的系数估计值 $\hat{\delta}_2$ 均为负，但仅栏（3）和栏（4）在 10% 水平上通过了显著性检验，表明中小型实体企业比大型实体企业具有更高的内源性融资约束，但外源性融资约束的差别并不显著；栏（2）至栏（5）中股市过度投机与企业规模交乘项（SPECR × SMALL）的系数估计值 $\hat{\delta}_3$ 均在 1% 水平以上统计显著为负，栏（1）中股市过度投机与企业规模交乘项（SPECU × SMALL）的系数估计值 $\hat{\delta}_3$ 尽管不显著，但系数为负，表明省区市的股市过度投机交易活跃度对中小型实体企业融资约束的负面影响高于大型实体企业，因此假设 H5 -5 无法被拒绝。

此外，研究还发现，排除经济基本面因素之后的省区市股市成交额与 GDP 比率每上升 100 个百分点，中小型实体企业信贷资金比例、现金流比例率的降幅分别比大型实体企业增加 0. 021 个和 0. 104 个百分点；省区市股市成交额增长率每上升 100 个百分点，中小型实体企业信贷资金比例、现金流比例降幅分别比大型实体企业增加 0.800 个和 1.167 个百分点；省区市股市成交额波幅每上升 100 个百分点，中小型实体企业信贷资金比例、现金流比例的降幅分别比大型实体企业增加 0.969 个和 3.852 个百分点。

表 5-6　股市过度投机对不同规模实体企业融资约束影响

变量	CREDIT			CASH		
	SPEC1R	SPEC2R	SPEC3R	SPEC1R	SPEC2R	SPEC3R
SPECR	-0.00322*** (0.00021)	-0.00848*** (0.00028)	-0.01479*** (0.00052)	-0.00525*** (0.00031)	-0.00633*** (0.00025)	-0.02127*** (0.00051)
SMALL	-0.00422 (0.00278)	-0.00240 (0.00276)	-0.00297 (0.00278)	-0.00852*** (0.00282)	-0.00328 (0.00281)	-0.00699** (0.00288)
SPECR × SMALL	-0.00021 (0.00028)	-0.00800*** (0.00035)	-0.00969*** (0.00067)	-0.00104*** (0.00039)	-0.01167*** (0.00069)	-0.03852*** (0.00085)
LEV	0.00331 (0.00301)	0.00445 (0.00301)	0.00284 (0.00303)	-0.22176*** (0.00499)	-0.22042*** (0.00497)	-0.22205*** (0.00495)
SIZE	0.01474*** (0.00143)	0.01423*** (0.00139)	0.02028 (0.00139)	-0.08364*** (0.00285)	-0.08614*** (0.00275)	-0.07078*** (0.00273)
TANGIB	0.00158 (0.00322)	-0.00022 (0.00315)	0.00411 (0.00322)	-0.01301** (0.00549)	-0.01424*** (0.00548)	-0.00759 (0.00543)
EARN	0.17119*** (0.00653)	0.16994*** (0.00650)	0.17651*** (0.00652)	0.80896*** (0.01190)	0.80714*** (0.01185)	0.82188*** (0.01182)
GROWTH	-0.01439*** (0.00066)	-0.01510*** (0.00065)	-0.01682*** (0.00066)	0.00934*** (0.00117)	0.00920*** (0.00115)	0.00406*** (0.00116)
AGE	0.00675*** (0.00013)	0.00652*** (0.00013)	0.00689*** (0.00013)	0.01532*** (0.00023)	0.01496*** (0.00022)	0.01568*** (0.00023)
常数项	0.00073 (0.00146)	0.01575 (0.01459)	-0.04986*** (0.01458)	0.96470*** (0.02963)	0.99918*** (0.02854)	0.84112*** (0.02834)
HAUSMAN	1961.21	2077.62	2163.03	4088.23	4423.60	4647.79
Adj - R^2	0.1114	0.1161	0.1156	0.2856	0.2922	0.2954

注：CREDIT 为信贷资金占总资产比例，CASH 为现金流占总资产比例，SPEC1R 为省区市股市成交额与 GDP 比值 SPECU1 和省区市经济变量回归的残差，SPEC2R 为省区市股市成交额增长率 SPECU2 和省区市经济变量回归的残差，SPEC3R 为省区市股市成交额波幅 SPECU3 和省区市经济变量回归的残差，SMALL 为企业规模虚拟变量（样本为中小企业时，SMALL 取值为 1，否则取值为 0）；所有回归均包含时间和个体效应以及行业虚拟变量，样本观测值数为 2135164。括号内的数值为异方差稳健标准误，***、** 分别表示 t 值（双尾）在 1%、5% 水平上统计显著；Hausman 检验结果在 1% 水平上拒绝了随机效应，因此使用固定效应估计表中所有面板数据模型。

（2）股市过度投机对不同规模实体企业生产要素投入影响。

表 5－7 提供了股市过度投机对不同规模实体企业生产要素投入影响的实证结果。由表中结果可见，栏（1）至栏（6）中股市过度投机交易活跃度的系数估计值 $\hat{\delta}_1$ 均在 1% 水平以上统计显著为负，表明省区市的股市过度投机交易活跃度对当地实体企业生产要素投入存在负面影响；实体企业规模虚拟变量的系数估计值 $\hat{\delta}_2$ 均在 1% 水平以上显著为负，表明中小型实体企业比大型实体企业具有更低的生产要素投入；股市过度投机与企业规模交乘项（SPECR × SMALL）的系数估计值 $\hat{\delta}_3$ 均在 1% 水平以上统计显著为负；表明省区市的股市过度投机交易活跃度对中小型实体企业生产要素投入的负面影响高于大型实体企业，因此假设 H5－5 无法被拒绝。

此外，研究还发现，排除经济基本面因素之后的省区市股市成交额与 GDP 比率每上升 100 个百分点，中小型实体企业固定资产比率、员工人数增长率的降幅分别比大型实体企业增加 0.276 个和 0.305 个百分点；省区市股市成交额增长率每上升 100 个百分点，中小型实体企业固定资产比率、员工人数增长率比例降幅分别比大企业增加 0.861 个和 1.016 个百分点；省区市股市成交额波幅每上升 100 个百分点，中小型实体企业固定资产比率、员工人数增长率的降幅分别比大企业增加 2.826 个和 3.961 个百分点。

表 5－7　股市过度投机对不同规模实体企业生产要素投入影响

变量	K			L		
	SPEC1R	SPEC2R	SPEC1R	SPEC2R	SPEC1R	SPEC2R
SPECR	−0.01219 *** (0.00042)	−0.01473 *** (0.00030)	−0.04100 *** (0.00067)	−0.01496 *** (0.00051)	−0.01456 *** (0.00039)	−0.05203 *** (0.00073)
SMALL	−0.04505 *** (0.00351)	−0.03680 *** (0.00351)	−0.02813 *** (0.00349)	−0.05316 *** (0.00245)	−0.04112 *** (0.00244)	−0.02826 *** (0.00243)
SPECR × SMALL	−0.00276 *** (0.00052)	−0.00861 *** (0.00043)	−0.02826 *** (0.00097)	−0.00305 *** (0.00061)	−0.01016 *** (0.00046)	−0.03961 *** (0.00091)
LEV	−0.34590 *** (0.00591)	−0.34406 *** (0.00588)	−0.34727 *** (0.00586)	−0.06991 *** (0.00377)	−0.06715 *** (0.00375)	−0.07096 *** (0.00370)

续表

变量	K			L		
	SPEC1R	SPEC2R	SPEC1R	SPEC2R	SPEC1R	SPEC2R
SIZE	-0.12430*** (0.00352)	-0.12932*** (0.00339)	-0.11026*** (0.00338)	0.17458*** (0.00183)	0.16455*** (0.00178)	0.19039*** (0.00178)
TANGIB	0.16470*** (0.00630)	0.16350*** (0.00628)	0.17206*** (0.00626)	-0.03848** (0.00414)	-0.03896*** (0.00412)	-0.02860*** (0.00406)
EARN	0.25324*** (0.01069)	0.25051*** (0.01065)	0.26766*** (0.01060)	0.42271*** (0.00535)	0.41817*** (0.00531)	0.44072*** (0.00522)
GROWTH	0.01914*** (0.00134)	0.01950*** (0.00132)	0.01312*** (0.00132)	-0.00590*** (0.00086)	-0.00438*** (0.00085)	-0.01327*** (-0.00084)
AGE	0.01921*** (0.00028)	0.01858*** (0.00028)	0.01953*** (0.00028)	0.01644*** (0.00021)	0.01546*** (0.00020)	0.01669*** (0.00021)
常数项	1.56744*** (0.03634)	1.63225*** (0.03491)	1.43803*** (0.03478)	3.09432*** (0.01927)	3.21395*** (0.01875)	2.95334*** (0.01867)
HAUSMAN	3187.84	3553.86	3789.09	5827.34	1487.85	8105.67
Adj - R^2	0.0385	0.0410	0.0482	0.3256	0.3134	0.3448

注：K 为固定资产与总资产比率，L 为员工人数的自然对数，SPEC1R 为省区市股市成交额与GDP 比值 SPECU1 和省区市经济变量回归的残差，SPEC2R 为省区市股市成交额增长率 SPECU2 和省区市经济变量回归的残差，SPEC3R 为省区市股市成交额波幅 SPECU3 和省区市经济变量回归的残差，SMALL 为企业规模虚拟变量（样本为中小企业时，SMALL 取值为 1，否则取值为 0）；所有回归均包含时间和个体效应以及行业虚拟变量，样本观测值数为 2135164。括号内的数值为异方差稳健标准误，*** 、** 分别表示 t 值（双尾）在 1%、5% 水平上统计显著；Hausman 检验结果在 1% 水平上拒绝了随机效应，因此使用固定效应估计表中所有面板数据模型。

（3）股市过度投机对不同规模实体企业产出影响。

表 5 - 8 提供了股市过度投机对不同规模实体企业产出影响的实证结果。由表中结果可见，栏（1）至栏（6）中股市过度投机交易活跃度的系数估计值 $\hat{\delta}_1$ 均在 1% 水平以上统计显著为负，表明省区市的股市过度投机交易对当地实体企业的产出存在负面影响；企业规模虚拟变量的系数估计值 $\hat{\delta}_2$ 均在 1% 水平以上统计显著为负，表明中小型实体企业比大型实体企业具有更低的产出；另外，股市过度投机与企业规模交乘项（SPECR × SMALL）的系数估计值 $\hat{\delta}_3$ 也均在 1% 水平以上统计显著为负，表明省区市

的股市过度投机交易活跃度对中小型实体企业产出的负面影响高于大型实体企业，因此假设 H5－5 无法被拒绝。

此外，研究还发现，排除经济基本面因素之后的省区市股市成交额与 GDP 比率每上升 100 个百分点，中小型实体企业工业产值比率、销售收入比率的降幅分别比大型实体企业增加 4.314 个和 3.849 个百分点；省区市股市成交额增长率每上升 100 个百分点，中小型实体企业工业产值比率、销售收入比率的降幅分别比大型实体企业增加 22.078 个和 21.485 个百分点；省区市股市成交额波幅每上升 100 个百分点，中小型实体企业工业产值比率、销售收入比率的降幅分别比大型实体企业增加 55.990 个和 54.268 个百分点。

表 5－8 股市过度投机对不同规模实体企业产出影响

变量	INCOME			SALE		
	SPEC1R	SPEC2R	SPEC3R	SPEC1R	SPEC2R	SPEC3R
SPECR	−0.02755*** (0.00322)	−0.03744*** (0.00241)	−0.09717*** (0.00257)	−0.02902*** (0.00319)	−0.03619*** (0.00239)	−0.09607*** (0.00254)
SMALL	−0.09617*** (0.0311)	−0.15548*** (0.0310)	−0.19481*** (0.0307)	−0.07631** (0.0306)	−0.13249*** (0.0305)	−0.17211*** (0.0302)
SPECR × SMALL	−0.04314*** (0.04314)	−0.22078*** (0.00436)	−0.55990*** (0.00979)	−0.03849*** (0.00173)	−0.21485*** (0.00431)	−0.54268*** (0.00965)
LEV	−2.50288*** (0.05716)	−2.48543*** (0.05688)	−2.50149*** (0.05668)	−2.46131*** (0.05608)	−2.44451*** (0.05582)	−2.46034*** (0.05563)
SIZE	1.50334*** (0.03304)	−1.51901*** (0.03190)	−1.33478*** (0.03152)	−1.45669*** (0.03256)	−1.47195*** (0.03143)	−1.29205*** (0.03106)
TANGIB	−0.62711*** (0.06265)	−0.64896*** (0.06247)	−0.56511*** (0.06203)	−0.61440*** (0.06157)	−0.63542*** (0.06140)	−0.55376*** (0.06099)
EARN	7.32172*** (0.12807)	7.30069*** (0.12748)	7.48711*** (0.12712)	7.25833*** (0.12626)	7.23806*** (0.12567)	7.41969*** (0.12534)
GROWTH	0.03755*** (0.01313)	0.02986** (0.01293)	−0.03054** (0.01295)	0.03913*** (0.01296)	0.03179** (0.01277)	−0.02725** (0.01280)
AGE	0.19207*** (0.00268)	0.18874*** (0.00264)	0.19729*** (0.00274)	0.19043*** (0.00263)	0.18718*** (0.00260)	0.19553*** (0.00269)

续表

变量	INCOME			SALE		
	SPEC1R	SPEC2R	SPEC3R	SPEC1R	SPEC2R	SPEC3R
常数项	17.78135 *** (0.34334)	18.04829 *** (0.33135)	16.13647 *** (0.32705)	17.21567 *** (0.33823)	17.47439 *** (0.32645)	15.60876 *** (0.32223)
HAUSMAN	3669.88	4237.42	4676.79	3658.45	4223.91	4662.74
Adj - R^2	0.1518	0.1578	0.1583	0.1505	0.1565	0.1568

注：INCOME 为工业总产值与总资产比率，SALE 为产品销售收入与总资产比率，SPEC1R 为省区市股市成交额与 GDP 比值 SPECU1 和省区市经济变量回归的残差，SPEC2R 为省区市股市成交额增长率 SPECU2 和省区市经济变量回归的残差，SPEC3R 为省区市股市成交额波幅 SPECU3 和省区市经济变量回归的残差，SMALL 为企业规模虚拟变量（样本为中小企业时，SMALL 取值为 1，否则取值为 0）；所有回归均包含时间和个体效应以及行业虚拟变量，样本观测值数为 2135164。括号内的数值为异方差稳健标准误，*** 、** 分别表示 t 值（双尾）在 1% 、5% 水平上统计显著；Hausman 检验结果在 1% 水平上拒绝了随机效应，因此使用固定效应估计表中所有面板数据模型。

（4）股市过度投机对不同规模实体企业生产率影响。

表 5 -9 提供了股市过度投机对不同规模实体企业生产效率影响的实证结果。由表中结果可见，栏（1）至栏（6）中股市过度投机交易活跃度的系数估计值 $\hat{\delta}_1$ 均在 1% 水平以上统计显著为负，表明省区市的股市过度投机对当地实体企业的生产效率存在负面影响；企业规模虚拟变量的系数估计值 $\hat{\delta}_2$ 均在 1% 水平以上统计显著为负，表明中小型实体企业比大型实体企业具有更低的生产效率；另外，股市过度投机交易活跃度与企业规模交乘项（SPECR × SMALL）的系数估计值 $\hat{\delta}_3$ 均在 10% 水平以上统计显著为负，表明省区市的股市过度投机对中小型实体企业生产效率的负面影响高于大型实体企业，因此假设 H5 -5 无法被拒绝。

此外，研究还发现，排除经济基本面因素之后的省区市股市成交额与 GDP 比率每上升 100 个百分点，中小型实体企业单要素生产率、全要素生产率的降幅分别比大企业增加 0.882 个和 0.271 个百分点；省区市股市成交额增长率每上升 100 个百分点，中小型实体企业单要素生产率、全要素生产率的降幅分别比大企业增加 0.102 个和 0.673 个百分点；省区市股市成交额波幅每上升 100 个百分点，中小型实体企业单要素生产率、全要素生产率的降幅分别比大型实体企业增加 2.856 个和 1.216 个百分点。

表 5-9　　股市过度投机对不同规模实体企业生产率影响

变量	TFP1			TFP2		
	SPEC1R	SPEC2R	SPEC3R	SPEC1R	SPEC2R	SPEC3R
SPECR	-0.03412 *** (0.00057)	-0.03279 *** (0.00045)	-0.05874 *** (0.00082)	-0.03085 *** (0.00055)	-0.02771 ** (0.000044)	-0.04340 *** (0.00080)
SMALL	-0.01839 *** (0.00279)	-0.00847 *** (0.00277)	-0.01656 *** (0.00278)	-0.018564 *** (0.00281)	-0.03876 *** (0.00273)	-0.04365 *** (0.00275)
SPECR × SMALL	-0.00882 ** (0.00069)	-0.00102 * (0.00056)	-0.02856 *** (0.00102)	-0.00271 *** (0.00057)	-0.00673 *** (0.00054)	-0.01216 *** (0.00100)
LEV	-0.04630 *** (0.00449)	-0.05181 *** (0.00450)	-0.04704 *** (0.00445)	-0.00013 (0.00434)	-0.00438 (0.00422)	0.00067 *** (0.00419)
SIZE	0.25037 *** (0.00185)	0.27668 *** (0.00181)	0.25289 *** (0.00182)	0.14689 *** (0.00167)	0.16963 *** (0.00165)	0.15381 *** (0.00166)
TANGIB	0.02984 *** (0.00462)	0.02820 *** (0.00463)	0.01627 *** (0.00458)	-0.17050 *** (0.00435)	-0.17254 *** (0.00436)	-0.18088 *** (0.00434)
EARN	0.67879 *** (0.00614)	0.68885 *** (0.00614)	0.66726 *** (0.00609)	0.65182 *** (0.00567)	0.65993 *** (0.00569)	0.64562 *** (0.00566)
GROWTH	-0.03961 *** (0.00093)	-0.04494 *** (0.00093)	-0.03714 *** (0.00092)	-0.03025 *** (0.00086)	-0.03516 *** (0.00086)	-0.03005 *** (0.00085)
AGE	0.00300 *** (0.00022)	0.00525 *** (0.00023)	0.00398 *** (0.00022)	0.00522 *** (0.00021)	0.00712 *** (0.00022)	0.00623 *** (0.00021)
常数项	3.02592 *** (0.01949)	2.72371 *** (0.01906)	2.96994 *** (0.01910)	2.81465 *** (0.01769)	2.55596 *** (0.01737)	2.72090 *** (0.01747)
HAUSMAN	9652.92	9449.36	9795.72	12237.92	13281.88	12342.96
Adj - R^2	0.2170	0.2014	0.2229	0.1730	0.1709	0.1759

注：TFP1 为工业总产值与员工人数比率的自然对数，TFP2 为全要素生产率（LP 法估算），SPEC1R 为省区市股市成交额与 GDP 比值 SPECU1 和省区市经济变量回归的残差，SPEC2R 为省区市股市成交额增长率 SPECU2 和省区市经济变量回归的残差，SPEC3R 为省区市股市成交额波幅 SPECU3 和省区市经济变量回归的残差，SMALL 为企业规模虚拟变量（样本为中小企业时，SMALL 取值为 1，否则取值为 0）；所有回归均包含时间和个体效应以及行业虚拟变量，样本观测值数为 2135164。括号内的数值为异方差稳健标准误，*** 、** 和 * 分别表示 t 值（双尾）在 1%、5% 和 10% 水平上统计显著；Hausman 检验结果在 1% 水平上拒绝了随机效应，因此使用固定效应估计表中所有面板数据模型。

5.5.6 股市过度投机对内、外资实体企业的影响

(1) 股市过度投机对内、外资实体企业融资约束影响。

表5-10提供了股市过度投机对内、外资实体企业融资约束影响的回归估计结果。由表中结果可见，栏（1）至栏（6）中股市过度投机交易活跃度的系数估计值$\hat{\theta}_1$均在1%水平以上统计显著为负，表明省区市的股市过度投机对当地实体企业的融资约束存在负面影响；产权类型虚变量的系数估计值$\hat{\theta}_2$均为负，但仅栏（1）和栏（6）在10%水平上通过显著性检验，表明内资实体企业比外资实体企业具有更高的融资约束，但这种区别并不显著；另外，除栏（4）外，股市过度投机交易活跃度与产权性质交乘项（SPECR×DOM）的系数估计值$\hat{\theta}_3$也均在5%水平以上统计显著为负，表明股市过度投机对内资实体企业融资约束的负面影响高于外资实体企业，因此假设H5-6无法被拒绝。

此外，研究还发现，排除经济基本面因素之后的省区市股市成交额与GDP比率每上升100个百分点，内资实体企业信贷资金比例、现金流比例的降幅比外资实体企业分别增加0.105个和0.387个百分点；省区市股市成交额增长率每上升100个百分点，内资实体企业信贷资金比例、现金流比例的降幅分别比外资实体企业增加1.168个和0.057个百分点；省区市股市成交额波幅每上升100个百分点内资实体企业信贷资金比例、现金流比例的降幅分别比外资实体市企业增加3.851个和0.997个百分点。

表5-10 股市过度投机对内、外资实体企业融资约束影响

变量	CREDIT			CASH		
	SPEC1R	SPEC2R	SPEC3R	SPEC1R	SPEC2R	SPEC3R
SPECR	-0.00525*** (0.00031)	-0.00632*** (0.00025)	-0.02127*** (0.00051)	-0.00826*** (0.00029)	-0.01429** (0.00037)	-0.03699*** (0.00077)
DOM	-0.00852*** (0.00252)	-0.00328 (0.00281)	-0.00105 (0.00277)	-0.00699* (0.00378)	-0.00528 (0.00378)	-0.00443 (0.00376)
SPECR×DOM	-0.00105*** (0.00039)	-0.01168*** (0.00039)	-0.03851*** (0.00084)	-0.00387** (0.00037)	0.00057 (0.00045)	-0.00997*** (0.00099)

续表

变量	CREDIT			CASH		
	SPEC1R	SPEC2R	SPEC3R	SPEC1R	SPEC2R	SPEC3R
LEV	0.00322 (0.00304)	0.004191 (0.00302)	0.00223 (0.00302)	-0.22175*** (0.00499)	-0.22049*** (0.00497)	-0.22381*** (0.00496)
SIZE	0.01006*** (0.00131)	0.01123*** (0.00127)	0.01762 (0.00127)	-0.08561*** (0.00261)	-0.08620*** (0.00251)	-0.06954*** (0.00251)
TANGIB	0.00125 (0.00321)	-0.00067 (0.00320)	0.00354 (0.00322)	-0.01316** (0.00549)	-0.01413*** (0.00548)	-0.00834 (0.00546)
EARN	0.17125*** (0.00653)	0.17005*** (0.00650)	0.17616*** (0.00652)	0.80871*** (0.01190)	0.80733*** (0.01186)	0.81838*** (0.01182)
GROWTH	-0.01465*** (0.00066)	-0.01529*** (0.00065)	-0.01693*** (0.00066)	0.00928*** (0.00117)	0.00926*** (0.00116)	0.00445*** (0.00116)
AGE	0.00683*** (0.00013)	0.00657*** (0.00013)	0.00695*** (0.00013)	0.01536*** (0.00022)	0.01497*** (0.00022)	0.01565*** (0.00023)
常数项	0.05439*** (0.01343)	0.04921*** (0.01299)	-0.02004 (0.01310)	0.98992*** (0.02648)	1.00158*** (0.02545)	0.83057*** (0.02550)
HAUSMAN	1941.17	2079.87	2183.11	4111.19	4774.81	3923.16
$Adj-R^2$	0.1112	0.1160	0.1154	0.2859	0.2917	0.2932

注：CREDIT 为信贷资金占总资产比例，CASH 为现金流占总资产比例，SPEC1R 为省区市股市成交额与 GDP 比值 SPECU1 和省区市经济变量回归的残差，SPEC2R 为省区市股市成交额增长率 SPECU2 和省区市经济变量回归的残差，SPEC3R 为省区市股市成交额波幅 SPECU3 和省区市经济变量回归的残差，DOM 为产权性质虚拟变量（样本为内资企业时，DOM 取值为 1，否则取值为 0）；所有回归均包含时间和个体效应以及行业虚拟变量，样本观测值数为 2135164。括号内的数值为异方差稳健标准误，***、** 和 * 分别表示 t 值（双尾）在 1%、5% 和 10% 水平上统计显著；Hausman 检验结果在 1% 水平上拒绝了随机效应，因此使用固定效应估计表中所有面板数据模型；Wald 检验结果显示模型存在显著的异方差，因此对标准差进行聚类稳健调整。

（2）股市过度投机对内、外资实体企业投入影响。

表 5-11 提供了股市过度投机对内、外资实体企业生产要素投入影响的回归估计结果。由表中结果可见，栏（1）至栏（6）中股市过度投机交易活跃度的系数估计值 $\hat{\theta}_1$ 均在 1% 水平以上统计显著为负，表明省区市的股市过度投机交易对当地实体企业的生产要素投入存在负面影响；产权类型虚拟变量的系数估计值 $\hat{\theta}_2$ 均为负，但仅栏（3）和栏（5）没有在 10%

水平上通过显著性检验，表明内资实体企业比外资实体企业具有更高的生产要素投入；另外，股市过度投机与产权性质交乘项（SPECR × DOM）的系数估计值 $\hat{\theta}_3$ 均在 1% 水平以上统计显著为负，表明股市过度投机对内资实体企业生产要素投入的负面影响高于外资非上市实体企业，因此假设 H5 - 6 无法被拒绝。

此外，研究还发现，排除经济基本面因素之后的省区市股市成交额与 GDP 比率每上升 100 个百分点，内资实体企业固定资产比率、员工人数增长率的降幅比外资实体企业分别增加 0.592 个和 0.246 个百分点；省区市股市成交额增长率每上升 100 个百分点，内资实体企业固定资产比率、员工人数增长率的降幅分别比外资实体企业增加 0.485 个和 0.211 个百分点；省区市股市成交额波幅每上升 100 个百分点内资实体企业固定资产比率、员工人数增长率的降幅分别比外资实体企业增加 0.708 个和 0.631 个百分点。

表 5 - 11　股市过度投机对内、外资实体企业投入影响

变量	K			L		
	SPEC1R	SPEC2R	SPEC1R	SPEC2R	SPEC1R	SPEC2R
SPECR	-0.01408*** (0.00036)	-0.02429*** (0.00043)	-0.06394*** (0.00099)	-0.01802*** (0.00056)	-0.01977*** (0.00047)	-0.08125*** (0.00091)
DOM	-0.00807* (0.00423)	-0.00576* (0.00332)	-0.00567 (0.00420)	-0.00092 (0.00177)	-0.00301* (0.00182)	-0.00352* (0.00199)
SPECR × DOM	-0.00592*** (0.00046)	-0.00485*** (0.00053)	-0.00708*** (0.00124)	-0.00246*** (0.00068)	-0.00211*** (0.00053)	-0.00631*** (0.00105)
LEV	-0.34633*** (0.00591)	-0.34429*** (0.00588)	-0.34727*** (0.00586)	-0.072857*** (0.00375)	-0.07008*** (0.00378)	-0.07297*** (0.00370)
SIZE	-0.13433*** (0.00333)	-0.13654*** (0.00320)	-0.11026*** (0.00338)	0.16787** (0.00159)	0.16342*** (0.00172)	0.185638*** (0.00169)
TANGIB	0.16425** (0.00630)	0.16321*** (0.00628)	0.17206*** (0.00626)	-0.03755*** (0.00411)	-0.03931*** (0.00415)	-0.02953*** (0.00406)
EARN	0.25355*** (0.01069)	0.25104*** (0.01065)	0.267661*** (0.01060)	0.43696*** (0.00529)	0.42323*** (0.00535)	0.43721*** (0.00523)
GROWTH	0.01876*** (0.00134)	0.01912*** (0.00132)	0.01312*** (0.00132)	-0.01681*** (0.00054)	-0.00655*** (0.00082)	-0.01329*** (0.00084)

续表

变量	K			L		
	SPEC1R	SPEC2R	SPEC1R	SPEC2R	SPEC1R	SPEC2R
AGE	0.01939 *** (0.00028)	0.01871 *** (0.00027)	0.01953 *** (0.00029)	0.01736 *** (0.00021)	0.01662 *** (0.00021)	0.01678 *** (0.00021)
常数项	1.69797 *** (0.03393)	1.72926 *** (0.03255)	1.43803 *** (0.03478)	3.18753 *** (0.01718)	3.24524 *** (0.01804)	3.02895 *** (0.01759)
HAUSMAN	3069.13	3517.35	3903.94	3078.12	3532.91	7434.22
Adj - R^2	0.1621	0.1664	0.1482	0.4277	0.4277	0.4435

注：K 为固定资产与总资产比率，L 为员工人数的自然对数，SPEC1R 为省区市股市成交额与 GDP 比值 SPECU1 和省区市经济变量回归的残差，SPEC2R 为省区市股市成交额增长率 SPECU2 和省区市经济变量回归的残差，SPEC3R 为省区市股市成交额波幅 SPECU3 和省区市经济变量回归的残差，DOM 为产权性质虚拟变量（样本为内资企业时，DOM 取值为 1，否则取值为 0）；所有回归均包含时间和个体效应以及行业虚拟变量，样本观测值数为 2135164。括号内的数值为异方差稳健标准误，*** 、** 和 * 分别表示 t 值（双尾）在 1% 、5% 和 10% 水平上统计显著；Hausman 检验结果在 1% 水平上拒绝了随机效应，因此使用固定效应估计表中所有面板数据模型。

（3）股市过度投机对内、外资实体企业产出影响。

表 5 - 12 提供了股市过度投机对内、外资实体企业生产产出影响的回归估计结果。由表中结果可见，栏（1）至栏（6）中股市过度投机交易活跃度的系数估计值 $\hat{\theta}_1$ 均在 1% 水平以上统计显著为负，表明省区市的股市过度投机对当地实体企业的生产产出存在负面影响；产权类型虚拟变量的系数估计值 $\hat{\theta}_2$ 均为负，但仅栏（1）和栏（5）没有在 10% 水平上通过显著性检验，表明内资实体企业比外资实体企业具有更低的生产产出；另外，股市过度投机交易活跃度与产权性质交乘项（SPECR × DOM）的系数估计值 $\hat{\theta}_3$ 均在 1% 水平以上统计显著为负，表明股市投机对内资实体企业生产产出的负面影响高于外资实体企业，因此假设 H5 - 6 无法被拒绝。

此外，研究还发现，排除经济基本面因素之后的省区股市成交额与 GDP 比率每上升 100 个百分点，内资实体企业工业产值比率、销售收入比率的降幅比外资实体企业分别增加 1.065 个和 1.446 个百分点；省区市股市成交额增长率每上升 100 个百分点，内资实体企业工业产值比率、销售收入比率的降幅分别比外资实体企业增加 2.993 个和 2.713 个百分点；省区市股市成交额波幅每上升 100 个百分点内资企业工业产值比率、销售收入比率的降幅分别比外资实体企业增加 13.880 个和 12.401 个百分点。

表 5－12　股市过度投机对内、外资实体企业产出影响

变量	INCOME			SALE		
	SPEC1R	SPEC2R	SPEC3R	SPEC1R	SPEC2R	SPEC3R
SPECR	－0.05985 *** (0.00309)	－0.15488 *** (0.00407)	－0.42435 *** (0.00866)	－0.06092 *** (0.00305)	－0.15216 *** (0.00400)	－0.40315 *** (0.00813)
DOM	－0.04269 (0.03117)	－0.05383 * (0.03111)	－0.06351 ** (0.03098)	－0.04110 (0.03010)	－0.05190 * (0.03089)	－0.06174 ** (0.03087)
SPECR × DOM	－0.01065 *** (0.00421)	－0.02993 *** (0.00514)	－0.13880 *** (0.01145)	－0.01446 *** (0.00416)	－0.02713 *** (0.00507)	－0.12401 *** (0.01128)
LEV	－2.49967 *** (0.05711)	－2.48595 *** (0.05690)	－2.52548 *** (0.05683)	－2.45848 *** (0.05605)	－2.44513 *** (－0.05584)	－2.48371 *** (0.05578)
SIZE	－1.48083 *** (0.02992)	－1.47563 *** (0.02883)	－1.2805 *** (0.02870)	－1.43883 *** (0.02950)	－1.43367 *** (0.02841)	－1.24287 *** (0.02829)
TANGIB	－0.62792 *** (0.06261)	－0.64658 *** (0.06248)	－0.57538 *** (0.06221)	－0.61525 *** (0.06153)	－0.63331 *** (0.06143)	－0.56372 *** (0.06115)
EARN	7.31819 *** (0.12806)	7.30103 *** (0.12760)	7.43636 *** (0.12727)	7.25508 *** (0.12622)	7.23860 *** (0.12578)	7.37039 *** (0.12548)
GROWTH	0.03799 *** (0.01320)	0.03339 *** (0.01295)	－0.02235 * (0.01300)	0.03948 *** (0.01299)	0.03499 *** (0.01278)	－0.01955 (0.01287)
AGE	0.19165 *** (0.00264)	0.18784 *** (0.00260)	0.19603 *** (0.00270)	0.19009 *** (0.00260)	0.18637 *** (0.00256)	0.19438 *** (0.00266)
常数项	17.53176 *** (0.30385)	17.56365 *** (0.29239)	15.55433 *** (0.29118)	17.02456 *** (0.29952)	17.05375 *** (0.28827)	15.08917 *** (0.28709)
HAUSMAN	3694.51	4567.22	4898.47	3678.12	4545.51	4876.99
Adj－R^2	0.2513	0.2561	0.12550	0.2502	0.2549	0.2536

注：INCOME 为工业总产值与总资产比率，SALE 为产品销售收入与总资产比率，SPEC1R 为省区市股市成交额与 GDP 比值 SPECU1 和省区市经济变量回归的残差，SPEC2R 为省区市股市成交额增长率 SPECU2 和省区市经济变量回归的残差，SPEC3R 为省区市股市成交额波幅 SPECU3 和省区市经济变量回归的残差，DOM 为产权性质虚拟变量（样本为内资企业时，DOM 取值为 1，否则取值为 0）；所有回归均包含时间和个体效应以及行业虚拟变量，样本观测值数为 2135164。括号内的数值为异方差稳健标准误，*** 、** 和 * 分别表示 t 值（双尾）在 1% 、5% 和 10% 水平上统计显著；Hausman 检验结果在 1% 水平上拒绝了随机效应，因此使用固定效应估计表中所有面板数据模型。

（4）股市过度投机对内、外资实体企业生产率影响。

表 5－13 提供了股市过度投机对内、外资实体企业生产率影响的回归估计结果。由表中结果可见，栏（1）至栏（6）中股市过度投机交易活跃度的系数估计值 $\hat{\theta}_1$ 均在 1% 水平以上统计显著为负，表明省区市的股市过度投机对当地外资实体企业的生产率存在负面影响；产权类型虚拟变量的系数估计值 $\hat{\theta}_2$ 虽然仅栏（3）在 10% 水平以上显著为负，但其他栏大多数情况为负，表明内资实体企业比外资实体企业具有更低的生产率；另外，股市过度投机交易活跃度与产权性质交乘项（SPECR × DOM）的系数估计值 $\hat{\theta}_3$ 均在 1% 水平以上统计显著为负，表明股市过度投机对内资实体企业生产率的负面影响高于外资实体企业，因此假设 H5－6 无法被拒绝。

此外，研究还发现，排除经济基本面因素之后的省区市股市成交额与 GDP 比率每上升 100 个百分点，内资实体企业单要素生产率、全要素生产率的降幅分别比外资实体企业增加 2.501 个和 1.606 个百分点；省区市股市成交额增长率每上升 100 个百分点，内资实体企业单要素生产率、全要素生产率的降幅分别比外资实体企业增加 1.231 个和 0.868 个百分点；省区市股市成交额波幅每上升 100 个百分点，内资实体企业单要素生产率、全要素生产率的降幅分别比外资实体企业增加 3.658 个和 2.796 个百分点。

表 5－13　股市过度投机对内、外资实体企业生产率影响

变量	TFP1			TFP2		
	SPEC1R	SPEC2R	SPEC3R	SPEC1R	SPEC2R	SPEC3R
SPECR	－0.02336*** （0.00058）	－0.02256*** （0.00054）	－0.04804*** （0.00102）	－0.02239*** （0.00056）	－0.01637*** （0.00053）	－0.02882*** （0.00098）
DOM	－0.01375 （0.00905）	0.01360 （0.00907）	－0.01446* （0.00866）	－0.01009 （0.00893）	－0.01001 （0.00910）	0.01051 （0.00875）
SPECR × DOM	－0.02501*** （0.00075）	－0.01231*** （0.00062）	－0.03658*** （0.00116）	－0.01606*** （0.00070）	－0.00868*** （0.00060）	－0.02796*** （0.00111）
LEV	－0.04656*** （0.00449）	－0.05173*** （0.00450）	－0.04580*** （0.00445）	－0.00030 （0.00429）	－0.00452 （0.00423）	－0.00035 （0.00438）
SIZE	0.25279*** （0.00174）	0.27504*** （0.00171）	0.24871*** （0.00173）	0.14298*** （0.00158）	0.16261*** （0.00156）	0.14525*** （0.00157）

续表

变量	TFP1			TFP2		
	SPEC1R	SPEC2R	SPEC3R	SPEC1R	SPEC2R	SPEC3R
TANGIB	0.03048*** (0.00462)	0.02845*** (0.00463)	0.01735*** (0.00458)	-0.17055*** (0.00435)	-0.17276*** (0.00437)	-0.18058*** (0.00434)
EARN	0.67771*** (0.00614)	0.68910*** (0.00614)	0.66885*** (0.00609)	0.65122*** (0.00567)	0.66046*** (0.00569)	0.64642*** (0.00566)
GROWTH	-0.03899*** (0.00093)	-0.04501*** (0.00093)	-0.03766*** (0.00092)	-0.03015*** (0.00086)	-0.03552*** (0.00085)	-0.03074*** (0.00086)
AGE	0.00298*** (0.00022)	0.00529*** (0.00023)	0.00409*** (0.00022)	0.00529*** (0.00021)	0.00725*** (0.00022)	0.00642*** (0.00021)
常数项	2.99935*** (0.01820)	2.75009*** (0.01782)	3.02425*** (0.01798)	2.87405*** (0.01652)	2.65733*** (0.01621)	2.83943*** (0.01641)
HAUSMAN	9285.58	9696.68	10007.41	12605.25	13954.83	21413.27
Adj - R^2	0.2186	0.2012	0.12220	0.1732	0.1706	0.1756

注：TFP1 为工业总产值与员工人数比率的自然对数，TFP2 为全要素生产率（LP 法估算），SPEC1R 为省区市股市成交额与 GDP 比值 SPECU1 和省区市经济变量回归的残差，SPEC2R 为省区市股市成交额增长率 SPECU2 和省区市经济变量回归的残差，SPEC3R 为省区市股市成交额波幅 SPECU3 和省区市经济变量回归的残差，DOM 为产权性质虚拟变量（样本为内资企业时，DOM 取值为 1，否则取值为 0）；所有回归均包含时间和个体效应以及行业虚拟变量，样本观测值数为 2135164。括号内的数值为异方差稳健标准误，*** 和 * 分别表示 t 值（双尾）在 1% 和 10% 水平上统计显著；Hausman 检验结果在 1% 水平上拒绝了随机效应，因此使用固定效应估计表中所有面板数据模型。

5.6 稳健性检验

5.6.1 核心变量的替换

股市过度投机交易活跃度指标构建中保留经济基本面因素，但将经济基本性因素作为控制变量考察股市过度投机对实体经济的影响。具体实证结果如下：

(1) 股市过度投机与投入。

表 5 - 14 提供了股市过度投机与实体企业生产要素投入的回归估计结果。由表中结果可见，除栏（3）外，其他各栏无论因变量为固定资产与总资产比率（K）还是员工人数（L），股市过度投机交易活跃度的系数估计值 $\hat{\beta}_1$ 均在 1% 水平上统计显著为负，表明省区市的股市过度投机交易活跃度越高，当地实体企业的生产要素投入就越少，因此假设 H5 - 1 无法被拒绝，股市过度投机对实体企业生产要素投入影响的研究结论依然稳健。

此外，研究还发现，保留经济基本面因素之后的省区市股市成交额与 GDP 比率每上升 100 个百分点，实体企业固定资产比率和员工数增长率就分别下降 0.117 个和 1.231 个百分点；省区市股市成交额增长率每上升 100 个百分点，实体企业固定资产比率和员工数增长率就分别下降 1.011 个和 0.963 个百分点；省区市股市成交额波幅每上升 100 个百分点，实体企业固定资产比率和员工数增长率就分别下降 0.057 个和 7.825 个百分点。

表 5 - 14　　股市过度投机对实体企业生产要素投入的影响

变量	K			L		
	SPEC1R	SPEC2R	SPEC3R	SPEC1R	SPEC2R	SPEC3R
SPECR	-0.00117 *** (0.00039)	-0.01011 *** (0.00031)	-0.00057 (0.00059)	-0.01231 *** (0.00034)	-0.00963 *** (0.00021)	-0.07825 *** (0.00048)
INVEST	0.90348 *** (0.01280)	0.92745 *** (0.01265)	0.89364 *** (0.01217)	1.02253 *** (0.01144)	1.06908 *** (0.01123)	0.74607 *** (0.01131)
EXPEND	2.22943 *** (0.06451)	2.27446 *** (0.06424)	2.27298 *** (0.06462)	1.92496 *** (0.06127)	1.54663 *** (0.59213)	2.70794 *** (0.06128)
GDP	-0.88651 *** (0.01286)	-0.96059 *** (0.01263)	-0.88201 *** (0.01271)	-1.79246 *** (0.1079)	-1.76005 *** (0.01049)	-1.75857 *** (0.01048)
LEV	-0.17328 *** (0.00492)	-0.17309 *** (0.00491)	-0.17339 *** (0.00492)	-0.03011 *** (0.00360)	-0.02945 *** (0.00360)	-0.03381 *** (0.00352)
SIZE	0.46773 *** (0.00222)	0.46546 *** (0.00220)	0.46863 *** (0.00223)	0.13697 *** (0.00165)	0.13287 *** (0.00164)	0.16403 *** (0.00164)
TANGIB	0.60925 *** (0.00556)	0.61147 *** (0.00556)	0.60918 *** (0.00556)	0.00418 (0.00391)	0.00330 (0.00393)	0.01391 *** (0.00385)

续表

变量	K			L		
	SPEC1R	SPEC2R	SPEC3R	SPEC1R	SPEC2R	SPEC3R
EARN	0.41127 *** (0.00670)	0.40988 *** (0.00670)	0.41170 *** (0.00671)	0.33224 *** (0.00495)	0.33142 (0.00495)	0.35777 *** (0.00485)
GROWTH	-0.02252 *** (0.00120)	-0.02155 *** (0.00119)	-0.02280 *** (0.00120)	0.00834 *** (0.00083)	0.00938 *** (0.00083)	0.00098 (0.00081)
AGE	0.00281 *** (0.00019)	0.00275 *** (0.00019)	0.00285 *** (0.00019)	0.00816 *** (0.00017)	0.00776 *** (0.00017)	0.00839 *** (0.00017)
常数项	3.44042 *** (0.02210)	3.45322 *** (0.02180)	3.43102 *** (0.02200)	3.20241 *** (0.01633)	3.26053 *** (0.01613)	3.00425 *** (0.01604)
HAUSMAN	4473.73	4180.07	4194.22	10314.82	10210.75	7659.81
Adj - R^2	0.3108	0.3115	0.3108	0.4007	0.4087	0.4356

注：K为固定资产与总资产比率，L为员工人数的自然对数，SPEC1R为省区市股市成交额与GDP比值SPECU1和省区市经济变量回归的残差，SPEC2R为省区市股市成交额增长率SPECU2和省区市经济变量回归的残差，SPEC3R为省区市股市成交额波幅SPECU3和省区市经济变量回归的残差；所有回归均包含时间和个体效应以及行业虚拟变量，样本观测值数为2135164。括号内的数值为异方差稳健标准误，*** 表示t值（双尾）在1%水平上统计显著；Hausman检验结果在1%水平上拒绝了随机效应，因此使用固定效应估计表中所有面板数据模型。

（2）股市过度投机与产出。

表5-15提供了股市过度投机与实体企业生产产出的回归估计结果。由表中结果可见，栏（1）至栏（6）中，无论因变量为工业总产值与总资产比率（INCOME）还是产品销售收入与总资产比率（SALE），股市过度投机交易活跃度的系数估计值 $\hat{\beta}_1$ 均在1%水平上统计显著为负，表明省区市的股市过度投机交易活跃度越高，当地实体企业的生产产出就越少，因此假设H5-2无法被拒绝，股市过度投机对非上市实体企业生产产出影响的研究结论依然稳健。

此外，研究还发现，保留经济基本面因素之后的省区市股市成交额与GDP比率每上升100个百分点，实体企业产品销售收入与总资产比率和产品销售收入与总资产比率就分别下降5.431个和5.495个百分点；省区市股市成交额增长率每上升100个百分点，实体企业产品销售收入与总资产比率和产品销售收入与总资产比率就分别下降7.264个和7.607个百分点；省区市股市成交额波幅每上升 100 个百分点，实体企业产品销售收入与总资产比率和产品销售收入与总资产比率就分别下降 45.703 个和 46.812 个百分点。

表 5 – 15　　　股市过度投机对实体企业产出的影响

变量	INCOME			SALE		
	SPEC1R	SPEC2R	SPEC3R	SPEC1R	SPEC2R	SPEC3R
SPECR	–0.05431*** (0.00299)	–0.07264*** (0.0200)	–0.45703*** (0.00577)	–0.05495*** (0.00303)	–0.07607*** (0.00202)	–0.46812*** (0.00587)
INVEST	1.16538*** (0.01572)	1.17659*** (0.01502)	0.99300*** (0.01477)	1.18642*** (0.01592)	1.19696*** (0.01521)	1.00944*** (0.01495)
EXPEND	3.32066*** (0.06675)	3.15069*** (0.06441)	3.83064*** (0.06819)	3.33417*** (0.06757)	3.16195*** (0.06519)	3.85855*** (0.06904)
GDP	–5.24127*** (0.10940)	–4.86598*** (0.10807)	–4.98368*** (0.10741)	–5.36516*** (0.11180)	–4.96559*** (0.10972)	–5.09901*** (0.10907)
LEV	–2.06311*** (0.05258)	–2.06103*** (0.05254)	–2.08599*** (0.05234)	–2.09891*** (0.05359)	–2.09689*** (0.05355)	–2.12241*** (0.0534)
SIZE	–1.91981*** (0.03139)	–1.92932*** (0.03088)	–1.75197*** (0.03066)	–1.96714*** (0.03186)	–1.97603*** (0.03134)	–1.79485*** (0.03111)
TANGIB	–0.14491** (0.05964)	–0.15591*** (0.05951)	–0.09009 (0.05927)	–0.15175** (0.06070)	–0.16349*** (0.06056)	–0.09567 (0.06017)
EARN	6.06339*** (0.11955)	6.064371*** (0.11948)	6.21574*** (0.11908)	6.11008*** (0.12133)	6.11146*** (0.12124)	6.26625*** (0.12086)
GROWTH	0.20815*** (0.01319)	0.20927*** (0.01309)	0.16210*** (0.01308)	0.20871*** (0.01337)	0.20954*** (0.01327)	0.16142*** (0.01325)
AGE	0.10061*** (0.00170)	0.09916*** (0.00169)	0.10269*** (0.00174)	0.10106*** (0.00174)	0.09962*** (0.00173)	0.10321*** (0.00177)
常数项	14.37105*** (0.26742)	14.56907*** (0.26861)	13.10398*** (0.26047)	14.85625*** (0.27135)	15.05158*** (0.26467)	13.55421*** (0.26422)
HAUSMAN	4208.97	3968.32	4240.38	4201.60	3949.39	4421.26
Adj – R^2	0.3359	0.3400	0.3323	0.3376	0.3417	0.3340

注：INCOME 为工业总产值与总资产比率，SALE 为产品销售收入与总资产比率，SPEC1R 为省区市股市成交额与 GDP 比值 SPECU1 和省区市经济变量回归的残差，SPEC2R 为省区市股市成交额增长率 SPECU2 和省区市经济变量回归的残差，SPEC3R 为省区市股市成交额波幅 SPECU3 和省区市经济变量回归的残差；所有回归均包含时间和个体效应以及行业虚拟变量，样本观测值数为 2135164。括号内的数值为异方差稳健标准误，*** 、** 分别表示 t 值（双尾）在 1%、5% 水平上统计显著；Hausman 检验结果在 1% 水平上拒绝了随机效应，因此使用固定效应估计表中所有面板数据模型。

（3）股市过度投机与生产率。

表5－16提供了股市过度投机与实体企业生产率的回归估计结果。由表中结果可见，栏（1）至栏（6）中，无论因变量为单要素生产率（TFP1）还是全要素生产率（TFP2），股市过度投机交易活跃度的系数估计值 $\hat{\beta}_1$ 均在1%水平上统计显著为负，表明省区市的股市过度投机交易活跃度越高，当地实体企业的生产率就越少，因此假设H5－3无法被拒绝，股市过度投机对实体企业生产率影响的研究结论依然稳健。

此外，研究还发现，保留经济基本面因素之后的省区市股市成交额与GDP比率每上升100个百分点，实体企业单要素生产率和全要素生产率就分别下降3.025个和2.549个百分点；省区市股市成交额增长率每上升100个百分点，实体企业单要素生产率和全要素生产率就分别下降3.232个和2.556个百分点；省区市股市成交额波幅每上升100个百分点，实体企业单要素生产率和全要素生产率就分别下降8.469个和5.841个百分点。

表5－16　股市过度投机对实体企业生产率的影响

变量	TFP1			TFP2		
	SPEC1R	SPEC2R	SPEC3R	SPEC1R	SPEC2R	SPEC3R
SPECR	－0.03025*** （0.00039）	－0.03232*** （0.00026）	－0.08469*** （0.00056）	－0.02549*** （0.00034）	－0.02556*** （0.00024）	－0.05841*** （0.00051）
INVEST	0.18576*** （0.01331）	0.09798*** （0.01314）	0.37992*** （0.01317）	0.22959*** （0.01208）	0.15027*** （0.1195）	0.33340*** （0.01211）
EXPEND	4.07796*** （0.07047）	5.01794*** （0.07114）	3.73859*** （0.06872）	4.01872*** （0.06435）	4.80919*** （0.06547）	3.92513*** （0.06368）
GDP	1.56591*** （0.01323）	1.41944*** （0.01290）	1.58691*** （0.01291）	1.26657*** （0.01229）	1.15542*** （0.0199）	1.29899*** （0.01205）
LEV	－0.03754*** （0.00436）	－0.03889*** （0.00435）	－0.03477*** （0.00429）	0.01134*** （0.00407）	0.01019** （0.00407）	0.01288*** （0.00403）
SIZE	0.21097*** （0.00176）	0.21857*** （0.00174）	0.19106*** （0.00175）	0.10173*** （0.00158）	0.10862*** （0.00157）	0.09052*** （0.00158）
TANGIB	0.04879*** （0.00453）	0.05301*** （0.00452）	0.03633*** （0.00447）	－0.14994*** （0.00426）	－0.14682*** （0.00426）	－0.15893*** （0.00423）
EARN	0.61984*** （0.00604）	0.62049*** （0.00602）	0.59537*** （0.00596）	0.59050*** （0.00557）	0.59124*** （0.00556）	0.57435*** （0.00553）

续表

变量	TFP1			TFP2		
	SPEC1R	SPEC2R	SPEC3R	SPEC1R	SPEC2R	SPEC3R
GROWTH	-0.031409*** (0.00094)	-0.03297*** (0.00093)	-0.02641*** (0.00092)	-0.02174*** (0.00085)	-0.02325*** (0.00085)	-0.01909*** (0.00085)
AGE	-0.00026 (0.00020)	0.00062*** (0.00021)	0.00016 (0.00019)	0.00156*** (0.00018)	0.00234*** (0.00019)	0.00205*** (0.00018)
常数项	2.55196*** (0.01752)	2.42594*** (0.01716)	2.66083*** (0.01717)	2.46622*** (0.01594)	2.35686*** (0.01568)	2.51299*** (0.01575)
HAUSMAN	13545.38	11998.02	9713.98	17849.59	16918.56	13182.07
$Adj-R^2$	0.2204	0.2239	0.2408	0.1966	0.1988	0.2055

注：TFP1 为工业总产值与员工人数比率的自然对数，TFP2 为全要素生产率（LP 法估算），SPEC1R 为省区市股市成交额与 GDP 比值 SPECU1 和省区市经济变量回归的残差，SPEC2R 为省区市股市成交额增长率 SPECU2 和省区市经济变量回归的残差，SPEC3R 为省区市股市成交额波幅 SPECU3 和省区市经济变量回归的残差；所有回归均包含时间和个体效应以及行业虚拟变量，样本观测值数为 2135164。括号内的数值为异方差稳健标准误，***、** 分别表示 t 值（双尾）在 1%、5% 水平上统计显著；Hausman 检验结果在 1% 水平上拒绝了随机效应，因此使用固定效应估计表中所有面板数据模型。

（4）股市过度投机与融资约束。

表 5-17 提供了股市过度投机与实体企业融资约束的回归估计结果。由表中结果可见，栏（1）至栏（6）中，无论因变量为信贷资金占总资产比例（CREDIT）还是现金流占总资产比例（CASH），股市过度投机交易活跃度的系数估计值 $\hat{\beta}_1$ 均在 1% 水平上统计显著为负，表明省区市的股市过度投机交易活跃度越高，当地实体企业的外源性和内源性融资约束就越大，因此假设 H5-4 无法被拒绝，股市过度投机对实体企业融资约束影响的研究结论依然稳健。

此外，研究还发现，保留经济基本面因素之后的省区市股市成交额与 GDP 比率每上升 100 个百分点，实体企业信贷资金占总资产比例和现金流占总资产比例就分别下降 0.281 个和 0.534 个百分点；省区市股市成交额增长率每上升 100 个百分点，实体企业信贷资金占总资产比例和现金流占总资产比例就分别下降 1.019 个和 0.494 个百分点；省区市股市成交额波幅每上升 100 个百分点，实体企业信贷资金占总资产比例和现金流占总资产比例就分别下降 2.166 个和 3.937 个百分点。

表 5－17　股市过度投机对非上市实体企业融资约束的影响

变量	CREDIT			CASH		
	SPEC1R	SPEC2R	SPEC3R	SPEC1R	SPEC2R	SPEC3R
SPECR	－0.00281*** (0.00018)	－0.01019*** (0.00017)	－0.02166*** (0.00037)	－0.00534*** (0.00027)	－0.00494*** (0.00018)	－0.03937*** (0.00053)
INVEST	0.42938*** (0.0796)	0.41526*** (0.00768)	0.34916*** (0.00767)	1.0280*** (0.01408)	1.04589*** (0.01347)	0.88369*** (0.01320)
EXPEND	1.27406*** (0.03754)	1.1797*** (0.03652)	1.50863*** (0.03764)	2.60213 (0.00589)	2.43711*** (0.05659)	3.02147*** (0.05987)
GDP	－0.51763*** (0.00771)	－0.44866*** (0.00760)	－0.50623*** (0.00759)	－0.56361*** (0.01027)	－0.54367*** (0.01013)	－0.54368*** (0.01002)
LEV	0.02031*** (0.00295)	0.02025*** (0.00295)	0.01924*** (0.00294)	－0.18753*** (0.00467)	－0.18727*** (0.00467)	－0.18946*** (0.00465)
SIZE	－0.00582*** (0.00137)	－0.00448*** (0.00135)	0.00199 (0.00135)	－0.12484*** (0.00276)	－0.12641*** (0.00271)	－0.11075*** (0.00270)
TANGIB	0.02085*** (0.00321)	0.01877*** (0.00320)	0.02347*** (0.00320)	0.02695*** (0.00534)	0.02638*** (0.00535)	0.03174*** (0.00532)
EARN	0.12762*** (0.00630)	0.12865*** (0.00629)	0.13479*** (0.00630)	0.70772*** (0.01127)	0.70748*** (0.01127)	0.72072*** (0.01123)
GROWTH	－0.00774*** (0.00067)	－0.00843*** (0.00066)	－0.00989*** (0.00066)	0.02353*** (0.00119)	0.02389*** (0.00118)	0.01968*** (0.00118)
AGE	0.00305*** (0.00011)	0.00304*** (0.00011)	0.00314*** (0.00011)	0.00770*** (0.00015)	0.00754*** (0.00015)	0.00785*** (0.00015)
常数项	－0.00387 (0.01249)	－0.00611 (0.01247)	－0.06243*** (0.01244)	0.78345*** (0.02385)	0.80722*** (0.02325)	0.67847*** (0.02331)
HAUSMAN	2063.36	2077.84	2227.14	4619.21	4390.04	4559.24
Adj－R^2	0.1541	0.1554	0.1457	0.3550	0.3596	0.3543

注：CREDIT 为信贷资金占总资产比例，CASH 为现金流占总资产比例，SPEC1R 为省区市股市成交额与 GDP 比值 SPECU1 和省区市经济变量回归的残差，SPEC2R 为省区市股市成交额增长率 SPECU2 和省区市经济变量回归的残差，SPEC3R 为省区市股市成交额波幅 SPECU3 和省区市经济变量回归的残差；所有回归均包含时间和个体效应以及行业虚拟变量，样本观测值数为 2135164。括号内的数值为异方差稳健标准误，*** 表示 t 值（双尾）在 1% 水平上统计显著；Hausman 检验结果在 1% 水平上拒绝了随机效应，因此使用固定效应估计表中所有面板数据模型。

（5）股市过度投机对不同规模实体企业的影响。

表 5 – 18 提供了股市过度投机对大型企业和中小企业影响的回归估计结果。由表中结果可见，栏（1）至栏（6）中，除个别情况外，股市过度投机交易活跃度的系数估计值 $\hat{\delta}_1$ 均在 5% 水平以上统计显著为负，表明省区市的股市过度投机对当地实体企业的融资约束、生产要素投入、产出和生产率存在负面影响；除个别情况外，企业规模虚拟变量的系数估计值 $\hat{\delta}_2$ 均在 10% 水平以上统计显著为负，表明中小型实体企业比大型实体企业具有更高的融资约束以及更低的生产要素投入、产出和生产率；另外，除个别情况外，股市过度投机交易活跃度与企业规模交乘项（SPECU × SMALL）的系数估计值 $\hat{\delta}_3$ 也均在 1% 水平以上统计显著为负，表明省区市的股市过度投机对中小型实体企业融资约束、生产要素投入以及产出和生产效率的负面影响高于大型实体企业，因此假设 H5 – 5 无法被拒绝，股市过度投机对不同规模实体企业融资约束、生产要素投入以及产出和生产效率影响的研究结论依然稳健。

此外，研究还发现，保留经济基本面因素之后的省区市股市成交额与 GDP 比率每上升 100 个百分点，中小型实体企业信贷资金比例、现金流比例、固定资产比率、员工人数增长率、工业产值比率、销售收入比率、单要素生产率以及全要素生产率的降幅分别比大型实体企业增加 0. 102 个、0. 268 个、0. 249 个、0. 190 个、6. 521 个、7. 003 个、0. 872 个以及 0. 559 个百分点；省区市股市成交额增长率每上升 100 个百分点，中小型实体企业信贷资金比例、现金流比例、固定资产比率、员工人数增长率、工业产值比率以及全要素生产率的降幅分别比大型实体企业增加 0. 741 个、1. 701 个、1. 441 个、1. 604 个、27. 901 个、28. 594 个以及 0. 559 个百分点；省区市股市成交额波幅每上升 100 个百分点，中小型实体企业信贷资金比例、现金流比例、固定资产比率、员工人数增长率、工业产值比率、销售收入比率、单要素生产率以及全要素生产率的降幅分别比大型实体企业增加 0. 906 个、4. 069 个、1. 990 个、3. 981 个、57. 862 个、59. 67 个、3. 174 个以及 1. 488 个百分点。

表 5-18　股市过度投机对不同规模实体企业的影响

股市过度投机与融资约束						
变量	CREDIT			CASH		
	SPEC1R	SPEC2R	SPEC3R	SPEC1R	SPEC2R	SPEC3R
SPECR	-0.00222 *** (0.00023)	-0.00543 *** (0.00022)	-0.01626 *** (0.00043)	-0.00367 *** (0.00033)	-0.00572 *** (0.00026)	-0.015567 *** (0.00054)
SMALL	0.00299 (0.00190)	0.00262 (0.00178)	-0.00426 ** (0.00186)	-0.03608 *** (0.00297)	-0.03024 *** (0.00286)	-0.00461 * (0.00283)
SPECR × SMALL	-0.00102 (0.00028)	-0.00741 *** (0.00034)	-0.00906 *** (0.00064)	-0.00268 *** (0.00041)	-0.01701 *** (0.00040)	-0.04069 *** (0.00087)
股市过度投机与实体企业生产要素投入						
变量	K			L		
	SPEC1R	SPEC2R	SPEC3R	SPEC1R	SPEC2R	SPEC3R
SPECR	-0.01203 *** (0.00045)	-0.00051 ** (0.00031)	-0.04195 *** (0.00068)	-0.01125 *** (0.00050)	-0.00076 ** (0.00037)	-0.05428 *** (0.00075)
SMALL	-0.01824 *** (0.00358)	-0.00785 ** (0.00350)	-0.03025 *** (0.00350)	0.01696 *** (0.00253)	-0.02086 *** (0.00250)	0.03352 *** (0.00262)
SPECR × SMALL	-0.00249 *** (0.00055)	-0.01441 *** (0.00046)	-0.01990 *** (0.00094)	-0.00190 *** (0.00060)	-0.01604 *** (0.00047)	-0.03981 *** (0.00091)
股市过度投机与实体企业产出						
变量	INCOME			SALE		
	SPEC1R	SPEC2R	SPEC3R	SPEC1R	SPEC2R	SPEC3R
SPECR	-0.01471 *** (0.00339)	0.10227 *** (0.00268)	-0.11959 *** (0.00537)	-0.01248 *** (0.00343)	0.10310 *** (0.00271)	-0.12021 *** (0.00544)
SMALL	-0.56543 *** (0.03250)	-0.49910 *** (0.02809)	-0.12410 *** (0.03065)	-0.58638 ** (0.03302)	-0.52452 *** (0.03170)	-0.13472 *** (0.03090)
SPECR × SMALL	-0.06521 *** (0.00433)	-0.27901 *** (0.00453)	-0.57862 *** (0.00989)	-0.07003 *** (0.00437)	-0.28594 *** (0.00459)	-0.59676 *** (0.1004)
股市过度投机与实体企业生产率						
变量	TFP1			TFP2		
	SPEC1R	SPEC2R	SPEC3R	SPEC1R	SPEC2R	SPEC3R
SPECR	-0.02539 *** (0.00055)	-0.03175 *** (0.00044)	-0.06501 ** (0.00085)	-0.023701 *** (0.00050)	-0.02909 *** (0.00041)	-0.04937 *** (0.00078)

续表

股市过度投机与实体企业生产率						
变量	TFP1			TFP2		
	SPEC1R	SPEC2R	SPEC3R	SPEC1R	SPEC2R	SPEC3R
SMALL	-0.069493 *** (0.00298)	-0.03861 *** (0.00276)	-0.05960 *** (0.00306)	-0.02957 *** (0.00276)	-0.00659 *** (0.00254)	-0.01794 *** (0.00283)
SPECR × SMALL	-0.00872 *** (0.00067)	0.000479 (0.00056)	-0.03174 *** (0.00104)	-0.00324 *** (0.00062)	-0.00559 *** (0.00053)	-0.01488 *** (0.00097)

注：CREDIT 为信贷资金占总资产比例，CASH 为现金流占总资产比例，K 为固定资产与总资产比率，L 为员工人数的自然对数，INCOME 为工业总产值与总资产比率，SALE 为产品销售收入与总资产比率，TFP1 为工业总产值与员工人数比率的自然对数，TFP2 为全要素生产率（LP 法估算）；SPEC1R 为省区市股市成交额与 GDP 比值 SPECU1 和省区市经济变量回归的残差，SPEC2R 为省区市股市成交额增长率 SPECU2 和省区市经济变量回归的残差，SPEC3R 为省区市股市成交额波幅 SPECU3 和省区市经济变量回归的残差，SMALL 为企业规模虚拟变量（样本为中小企业时，SMALL 取值为 1，否则取值为 0）；所有回归均包含时间和个体效应以及行业虚拟变量，样本观测值数为 2135164。括号内的数值为异方差稳健标准误，***、** 和 * 分别表示 t 值（双尾）在 1%、5% 和 10% 水平上统计显著。

（6）股市过度投机对内外资实体企业的影响。

表 5-19 提供了股市过度投机对内、外资实体企业影响的回归估计结果。由表中结果可见，栏（1）至栏（6）中，除个别情况外，股市过度投机交易活跃度的系数估计值 $\hat{\theta}_1$ 均在 1% 水平以上统计显著为负，表明省区市的股市过度投机对当地外资实体企业的融资约束、生产要素投入、产出和生产率存在负面影响；大部分产权类型虚拟变量的系数估计值 $\hat{\theta}_2$ 均在 10% 水平以上统计显著为负，表明内资实体企业比外资实体企业具有更高的融资约束以及更低的生产要素投入、产出和生产率；另外，除少数情况外，股市过度投机交易活跃度与产权性质交乘项（SPECU × DOM）的系数估计值 $\hat{\theta}_3$ 也均在 5% 水平以上统计显著为负，表明省区市的股市过度投机对内资实体企业融资约束、生产要素投入以及产出和生产效率的负面影响高于外资实体企业，因此假设 H5-6 无法被拒绝，股市过度投机对不同产权性质非上市实体企业融资约束、生产要素投入以及产出和生产效率影响的研究结论依然稳健。

此外，研究还发现，保留经济基本面因素之后的省区市股市成交额与 GDP 比率每上升 100 个百分点，内资实体企业信贷资金比例、现金流比例、固定资产比率、员工人数增长率、工业产值比率、销售收入比率、单要素生产率以及全要素生产率的降幅比外资实体企业分别增加 0.112 个、0.013 个、0.013 个、0.494 个、4.442 个、4.821 个、1.627 个及 0.901 个百分点；省区市股市成交额增长率每上升 100 个百分点，内资实体企业信贷资金比例、现金流比例、固定资产比率、员工人数增长率、工业产值比率、销售收入比率、单要素生产率以及全要素生产率的降幅分别比外资企业增加 0.919 个、0.083 个、0.277 个、0.456 个、6.553 个、6.889 个、0.895 个以及 0.677 个百分点；省区市股市成交额波幅每上升 100 个百分点，内资企业信贷资金比例、现金流比例、工业产值比率、销售收入比率、单要素生产率以及全要素生产率的降幅分别比外资企业增加 1.364 个、1.151 个、19.892 个、21.255 个、2.583 个以及 1.849 个百分点，但固定资产比率、员工人数增长率分别升高了 0.386 个、0.094 个百分点。

表 5-19　　股市过度投机对内、外资实体企业的影响

股市过度投机与实体企业融资约束						
变量	CREDIT			CASH		
	SPEC1R	SPEC2R	SPEC3R	SPEC1R	SPEC2R	SPEC3R
SPECR	-0.00191*** (0.00027)	-0.00208*** (0.00042)	-0.00977*** (0.00077)	-0.00524*** (0.00037)	-0.00420*** (0.00057)	-0.02934*** (0.00106)
DOM	-0.00726*** (0.00195)	-0.00988*** (0.00187)	-0.01796*** (0.00205)	-0.00321 (0.00277)	0.00289 (0.00275)	-0.00601** (0.00309)
SPECR × DOM	-0.00112*** (0.00030)	-0.00919*** (0.00047)	-0.01364*** (0.00086)	-0.00013 (0.00041)	-0.00083 (0.00063)	-0.01151*** (0.00135)
股市过度投机与实体企业生产要素投入						
变量	K			L		
	SPEC1R	SPEC2R	SPEC3R	SPEC1R	SPEC2R	SPEC3R
SPECR	-0.01074*** (0.00049)	-0.01211*** (0.00068)	-0.05683*** (0.00152)	-0.00838*** (0.00074)	-0.00561*** (0.00066)	-0.07745*** (0.00126)
DOM	-0.00613 (0.00388)	-0.00724* (0.00394)	-0.01253*** (0.00438)	-0.00769** (0.00363)	-0.01308*** (0.00360)	-0.01927*** (0.00370)
SPECR × DOM	-0.00013 (0.00052)	-0.00277*** (0.00076)	0.00386** (0.00171)	-0.00494*** (0.00081)	-0.00456*** (0.00070)	0.00094 (0.00133)

续表

股市过度投机与实体企业产出						
变量	INCOME			SALE		
	SPEC1R	SPEC2R	SPEC3R	SPEC1R	SPEC2R	SPEC3R
SPECR	-0.01901*** (0.00375)	-0.01491** (0.00612)	-0.28401*** (0.01268)	-0.01663*** (0.00378)	-0.01538** (0.00623)	-0.28323*** (0.01289)
DOM	-0.01513 (0.03152)	-0.05403* (0.03142)	-0.08576** (0.03544)	0.01121 (0.03203)	-0.05480* (0.03149)	-0.09646*** (0.03586)
SPECR × DOM	-0.04442*** (0.00433)	-0.06553*** (0.00690)	-0.19892*** (0.01471)	-0.04821*** (0.00436)	-0.06889*** (0.00702)	-0.21255*** (0.01494)
股市过度投机与实体企业生产率						
变量	TFP1			TFP2		
	SPEC1R	SPEC2R	SPEC3R	SPEC1R	SPEC2R	SPEC3R
SPECR	-0.01729*** (0.00075)	-0.02443*** (0.00076)	-0.06221** (0.00139)	-0.01831*** (0.00069)	-0.01959*** (0.00071)	-0.04230*** (0.00128)
DOM	-0.02753*** (0.00411)	0.00546 (0.00402)	-0.02349*** (0.00418)	-0.02094*** (0.00377)	-0.00990*** (0.00366)	-0.02297*** (0.00382)
SPECR × DOM	-0.01627*** (0.00084)	-0.00895*** (0.00080)	-0.02583*** (0.00148)	-0.00901*** (0.00077)	-0.00677*** (0.00075)	-0.01849*** (0.00135)

注：CREDIT 为信贷资金占总资产比例，CASH 为现金流占总资产比例，K 为固定资产与总资产比率，L 为员工人数的自然对数，INCOME 为工业总产值与总资产比率，SALE 为产品销售收入与总资产比率，TFP1 为工业总产值与员工人数比率的自然对数，TFP2 为全要素生产率（LP 法估算），SPEC1R 为省区市股市成交额与 GDP 比值 SPECU1 和省区市经济变量回归的残差，SPEC2R 为省区市股市成交额增长率 SPECU2 和省区市经济变量回归的残差，SPEC3R 为省区市股市成交额波幅 SPECU3 和省区市经济变量回归的残差，DOM 为产权性质虚拟变量（样本为内资企业时，DOM 取值为 1，否则取值为 0）；所有回归均包含时间和个体效应以及行业虚拟变量，样本观测值数为 2135164。括号内的数值为异方差稳健标准误，***、** 和 * 分别表示 t 值（双尾）在 1%、5% 和 10% 水平上统计显著。

5.6.2　研究方法的替换

为使本书研究结论更加稳健，采用 GMM 方法对研究假设重新检验，具体实证结果如下所示：

（1）股市过度投机与生产要素投入。

表 5-20 提供了采用 GMM 方法下股市过度投机与实体企业生产要素

投入的回归估计结果。由表中结果可见，模型中 AR（1）的 P 值小于 1%，AR（2）的 P 值大于 10%，Sargan 检验的 P 值大于 10%，表明模型中工具变量的选取是合理的，GMM 方法通过有效性检验；栏（1）至栏（6）中，无论因变量为固定资产与总资产比率（K）还是员工人数（L），股市过度投机交易活跃度的系数估计值 $\hat{\beta}_1$ 均在 1% 水平上统计显著为负，表明省区市的股市过度投机交易活跃度越高，当地实体企业的生产要素投入就越少，因此假设 H5－1 无法被拒绝，股市过度投机对实体企业生产要素投入影响的研究结论依然稳健。

此外，研究还发现，排除经济基本面因素之后的省区市股市成交额与 GDP 比率每上升 100 个百分点，实体企业固定资产比率和员工数增长率就分别下降 1.494 个和 0.694 个百分点；省区市股市成交额增长率每上升 100 个百分点，实体企业固定资产比率和员工数增长率就分别下降 1.568 个和 1.171 个百分点；省区市股市成交额波幅每上升 100 个百分点，实体企业固定资产比率和员工数增长率就分别下降 4.590 个和 4.420 个百分点。

表 5－20　股市过度投机对实体企业生产要素投入的影响

变量	K			L		
	SPEC1R	SPEC2R	SPEC3R	SPEC1R	SPEC2R	SPEC3R
L. K	0.71923*** (0.01445)	0.71687*** (0.01444)	0.71403*** (0.01446)			
L. L				0.52466*** (0.00857)	0.52252*** (0.00846)	0.50761*** (0.00855)
SPECR	−0.01494*** (0.00025)	−0.01568*** (0.00020)	−0.04590*** (0.00053)	−0.00694*** (0.00027)	−0.01171*** (0.00021)	−0.04420*** (0.00038)
LEV	−0.11801*** (0.00416)	−0.11660*** (0.00414)	−0.12095*** (0.00414)	−0.03087*** (0.00299)	−0.02979*** (0.00298)	−0.03403*** (0.00298)
SIZE	0.08150*** (0.00226)	0.07367*** (0.00216)	0.08966*** (0.00225)	0.02069*** (0.00125)	0.01904*** (0.00121)	0.03996*** (0.00126)
TANGIB	−0.28827*** (0.00600)	−0.28641*** (0.00601)	−0.27825*** (0.00602)	−0.11036*** (0.00335)	−0.11057*** (0.00334)	−0.10289*** (0.00333)
EARN	0.15183*** (0.00778)	0.14836*** (0.00776)	0.16007*** (0.00773)	0.25159*** (0.00424)	0.25040*** (0.00423)	0.26601*** (0.00421)

续表

变量	K			L		
	SPEC1R	SPEC2R	SPEC3R	SPEC1R	SPEC2R	SPEC3R
GROWTH	-0.02848*** (0.00099)	-0.02646*** (0.00097)	-0.03110*** (0.00099)	0.00452*** (0.00072)	0.00494*** (0.00071)	-0.00026 (0.00069)
AGE	0.00662*** (0.00013)	0.00576*** (0.00012)	0.00653*** (0.00013)	0.01014*** (0.00014)	0.00972*** (0.00013)	0.01057*** (0.00014)
常数项	-0.53134*** (0.02339)	-0.44358*** (0.02232)	-0.60946*** (0.02328)	2.16043*** (0.01371)	2.19276*** (0.01333)	2.05000*** (0.01350)
AR(1)	0.000	0.000	0.000	0.000	0.000	0.000
AR(2)	0.6794	0.6837	0.6746	0.8446	0.8475	0.8423
Surgan	0.999	0.999	0.999	0.999	0.999	0.999

注：K 为固定资产与总资产比率，L 为员工人数的自然对数，SPEC1R 为省区市股市成交额与 GDP 比值 SPECU1 和省区市经济变量回归的残差，SPEC2R 为省区市股市成交额增长率 SPECU2 和省区市经济变量回归的残差，SPEC3R 为省区市股市成交额波幅 SPECU3 和省区市经济变量回归的残差；所有回归均包含行业虚拟变量，样本观测值数为 2135164。括号内的数值为异方差稳健标准误，***、** 和 * 分别表示 t 值（双尾）在 1%、5% 和 10% 水平上统计显著；所有回归均包含行业虚拟变量，观测值数为 1611361。括号内的数值为异方差稳健标准误，*** 表示 t 值（双尾）在 1% 水平上统计显著。

（2）股市过度投机与产出。

表 5－21 提供了采用 GMM 方法下股市过度投机与实体企业生产产出的回归估计结果。由表中结果可见，模型中 AR（1）的 P 值小于 1%，AR（2）的 P 值大于 10%，Sargan 检验的 P 值大于 10%，表明模型中工具变量的选取是合理的，GMM 方法通过有效性检验；栏（1）至栏（6）中，无论因变量为工业总产值与总资产比率（INCOME）还是产品销售收入与总资产比率（SALE），股市过度投机交易活跃度的系数估计值 $\hat{\beta}_1$ 均在 1% 水平上统计显著为负，表明省区市的股市过度投机交易活跃度越高，当地实体企业的生产产出就越少，因此假设 H5－2 无法被拒绝，股市过度投机对实体企业生产产出影响的研究结论依然稳健。

此外，研究还发现，排除经济基本面因素之后的省区市股市成交额与 GDP 比率每上升 100 个百分点，实体企业工业产值比率和产品销售收入比率就分别下降 15.434 个和 15.165 个百分点；省区市股市成交额增长率每上升 100 个百分点，实体企业工业产值比率和产品销售收入比率就分别下降16.862个和16.308个百分点；省区市股市成交额波幅每上升100个百分点，实体企业工业产值比率和产品销售收入比率就分别下降49.699个和48.560个百分点。

表5-21　股市过度投机对企业产出的影响

变量	INCOME			SALE		
	SPEC1R	SPEC2R	SPEC3R	SPEC1R	SPEC2R	SPEC3R
L. INCOME	0.69503*** (0.01449)	0.69249*** (0.01446)	0.69158*** (0.01445)			
L. SALE				0.68961*** (0.01478)	0.68704*** (0.01475)	0.68616*** (0.01473)
SPECR	-0.15434*** (0.00251)	-0.16862*** (0.00218)	-0.49699*** (0.00522)	-0.15165*** (0.00248)	-0.16308*** (0.00216)	-0.48560*** (0.00515)
LEV	-1.48981*** (0.04434)	-1.47085*** (0.04413)	-1.50952*** (0.04407)	-1.44381*** (0.04328)	-1.42547*** (0.04310)	-1.46317*** (0.04303)
SIZE	1.05425*** (0.02135)	0.97330*** (0.02029)	1.15253*** (0.02123)	1.01828*** (0.02110)	0.93802*** (0.02009)	1.11371*** (0.02097)
TANGIB	-0.13904*** (0.04845)	-0.13808*** (0.04880)	-0.06983 (0.04816)	-0.11425** (0.04761)	-0.11301** (0.04749)	-0.04660 (0.04708)
EARN	0.52217*** (0.10159)	0.50754*** (0.10131)	0.63890*** (0.10094)	0.57639*** (0.10042)	0.56259*** (0.10011)	0.69066*** (0.09967)
GROWTH	-0.06644*** (0.01091)	-0.04742*** (0.01078)	-0.09963*** (0.01094)	-0.06773*** (0.01070)	-0.04878*** (0.01056)	-0.09995*** (0.01073)
AGE	0.06812*** (0.00134)	0.05921*** (0.00124)	0.06713*** (0.00132)	0.06891*** (0.00131)	0.06017*** (0.00125)	0.06791*** (0.00131)
常数项	-9.13624*** (0.22165)	-8.22476*** (0.21063)	-10.08273*** (0.22001)	-8.83069*** (0.21902)	-7.92865*** (0.20849)	-9.74914*** (0.21718)
AR(1)	0.000	0.000	0.000	0.000	0.000	0.000
AR(2)	0.7246	0.7308	0.7163	0.7209	0.7272	0.7128
Surgan	0.999	0.999	0.999	0.999	0.999	0.999

注：INCOME为工业总产值与总资产比率，SALE为产品销售收入与总资产比率，SPEC1R为省区市股市成交额与GDP比值SPECU1和省区市经济变量回归的残差，SPEC2R为省区市股市成交额增长率SPECU2和省区市经济变量回归的残差，SPEC3R为省区市股市成交额波幅SPECU3和省区市经济变量回归的残差；所有回归均包含行业虚拟变量，样本观测值数为2135164。括号内的数值为异方差稳健标准误，***、**分别表示t值（双尾）在1%、5%水平上统计显著。

信毅学术文库

(3) 股市过度投机与生产率。

表 5 - 22 提供了采用 GMM 方法下股市过度投机与实体企业生产率的回归估计结果。由表中结果可见，模型中 AR (1) 的 P 值小于 1%，AR (2) 的 P 值大于 10%，Sargan 检验的 P 值大于 10%，表明模型中工具变量的选取是合理的，GMM 方法通过有效性检验；栏 (1) 至栏 (6) 中，无论因变量为单要素生产率率 (TFP1) 还是全要素生产率 (TFP2)，股市过度投机交易活跃度的系数估计值 $\hat{\beta}_1$ 均在 1% 水平上统计显著为负，表明省区市的股市过度投机交易活跃度越高，当地实体企业的生产率就越少，因此假设 H5 - 3 无法被拒绝，股市过度投机对实体企业生产率影响的研究结论依然稳健。

此外，研究还发现，排除经济基本面因素之后的省区市股市成交额与 GDP 比率每上升 100 个百分点，实体企业单要素生产率和全要素生产率就分别下降 2.181 个和 1.728 个百分点；省区市股市成交额增长率每上升 100 个百分点，实体企业单要素生产率和全要素生产率就分别下降 2.253 个和 1.606 个百分点；省区市股市成交额波幅每上升 100 个百分点，实体企业单要素生产率和全要素生产率就分别下降 4.719 个和 2.686 个百分点。

表 5 - 22　　股市过度投机对实体企业生产率的影响

变量	TFP1			TFP2		
	SPEC1R	SPEC2R	SPEC3R	SPEC1R	SPEC2R	SPEC3R
L. TFP1	0.42744 *** (0.00759)	0.42907 *** (0.00758)	0.42057 *** (0.00763)			
L. TFP2				0.42909 *** (0.00771)	0.43136 *** (0.00770)	0.42739 *** (0.00774)
SPECR	-0.02181 *** (0.00032)	-0.02253 *** (0.00025)	-0.04719 *** (0.00044)	-0.01728 *** (0.00029)	-0.01606 *** (0.00023)	-0.02686 *** (0.00039)
LEV	-0.01016 *** (0.00365)	-0.01313 *** (0.00364)	-0.01001 *** (0.00365)	-0.01246 *** (0.00342)	-0.01488 *** (0.00343)	-0.01242 ** (0.00342)
SIZE	0.13147 *** (0.00141)	0.14146 *** (0.00138)	0.12847 *** (0.00140)	0.09388 *** (0.00123)	0.10241 *** (0.00119)	0.09483 *** (0.00121)
TANGIB	0.11593 *** (0.00387)	0.11566 *** (0.00386)	0.10634 *** (0.00385)	0.16632 *** (0.00381)	0.16758 *** (0.00381)	0.15971 *** (0.00381)

续表

变量	TFP1			TFP2		
	SPEC1R	SPEC2R	SPEC3R	SPEC1R	SPEC2R	SPEC3R
EARN	0.17372*** (0.00507)	0.17731*** (0.00507)	0.17569*** (0.00506)	0.11848*** (0.00477)	0.11994*** (0.00478)	0.11811*** (0.00477)
GROWTH	-0.01912*** (0.00084)	-0.02179*** (0.00083)	-0.01790*** (0.00083)	-0.00573*** (0.00078)	-0.00794*** (0.00079)	-0.00599*** (0.00078)
AGE	-0.00169*** (0.00015)	-0.00039*** (0.00015)	-0.00104*** (0.00014)	0.00076*** (0.00013)	0.00177*** (0.00014)	0.00136*** (0.00014)
常数项	1.86848*** (0.01415)	1.74644*** (0.01357)	1.93106*** (0.01405)	1.44735*** (0.01334)	1.34181*** (0.01288)	1.44100*** (0.01322)
AR(1)	0.000	0.000	0.000	0.000	0.000	0.000
AR(2)	0.7650	0.7576	0.7738	0.7709	0.7599	0.7726
Surgan	0.999	0.999	0.999	0.999	0.999	0.999

注：TFP1 为工业总产值与员工人数比率的自然对数，TFP2 为全要素生产率（LP 法估算），SPEC1R 为省区市股市成交额与 GDP 比值 SPECU1 和省区市经济变量回归的残差，SPEC2R 为省区市股市成交额增长率 SPECU2 和省区市经济变量回归的残差，SPEC3R 为省区市股市成交额波幅 SPECU3 和省区市经济变量回归的残差；所有回归均包含行业虚拟变量，样本观测值数为 2135164。括号内的数值为异方差稳健标准误，*** 、** 分别表示 t 值（双尾）在 1%、5% 水平上统计显著。

（4）股市过度投机与融资约束。

表 5－23 提供了采用 GMM 方法下股市过度投机与实体企业生产率的回归估计结果。由表中结果可见，模型中 AR（1）的 P 值小于 1%，AR（2）的 P 值大于 10%，Sargan 检验的 P 值大于 10%，表明模型中工具变量的选取是合理的，GMM 方法通过有效性检验；栏（1）至栏（6）中，无论因变量为信贷资金占总资产比例（CREDIT）还是现金流占总资产比例（CASH），股市过度投机交易活跃度的系数估计值 $\hat{\beta}_1$ 均在 1% 水平上统计显著为负，表明省区市的股市过度投机交易活跃度越高，当地实体企业的外源性和内源性融资约束就越大，因此假设 H5－4 无法被拒绝，股市过度投机对实体企业融资约束影响的研究结论依然稳健。

此外，研究还发现，排除经济基本面因素之后的省区市股市成交额与 GDP 比率每上升 100 个百分点，实体企业信贷资金比例和现金流比例就分别下降 0.343 个和 1.034 个百分点；省区市股市成交额增长率每上升 100 个百分点，实体企业信贷资金比例和现金流比例就分别下降 1.171 个和 1.131 个百分点；省区市股市成交额波幅每上升 100 个百分点，实体企业信贷资金比例和现金流比例就分别下降 1.656 个和 3.598 个百分点。

表 5-23　股市过度投机对实体企业融资约束的影响

变量	CREDIT			CASH		
	SPEC1R	SPEC2R	SPEC3R	SPEC1R	SPEC2R	SPEC3R
L. CREDIT	0.32051*** (0.00907)	0.31745*** (0.00906)	0.31735*** (0.00906)			
L. CASH				0.68431*** (0.01590)	0.68258*** (0.01589)	0.68007*** (0.01589)
SPECR	-0.00343*** (0.00016)	-0.01171*** (0.00017)	-0.01656*** (0.00032)	-0.01034*** (0.00023)	-0.01131*** (0.00019)	-0.03598*** (0.00047)
LEV	-0.02095*** (0.00277)	-0.01981*** (0.00276)	-0.02135*** (0.00277)	-0.11790*** (0.00385)	-0.11665*** (0.00384)	-0.11969*** (0.00383)
SIZE	0.03376*** (0.00110)	0.03395*** (0.00106)	0.03848*** (0.00108)	0.06942*** (0.00195)	0.06422*** (0.00186)	0.07710*** (0.00194)
TANGIB	-0.00744*** (0.00289)	-0.00854*** (0.00287)	-0.00529* (0.00287)	-0.00795* (0.00439)	-0.00777* (0.00439)	-0.00294 (0.00439)
EARN	0.08898*** (0.00538)	0.08869*** (0.00536)	0.09295*** (0.00537)	-0.24556*** (0.01155)	-0.24554*** (0.01153)	-0.23282*** (0.01152)
GROWTH	-0.00891*** (0.00063)	-0.00928*** (0.00062)	-0.01046*** (0.00063)	-0.02022*** (0.00092)	-0.01889*** (0.00091)	-0.02265*** (0.00093)
AGE	0.00473*** (0.00009)	0.00451*** (0.00009)	0.00479*** (0.00010)	0.00641*** (0.00012)	0.00580*** (0.00011)	0.00639*** (0.00012)
常数项	-0.20700*** (0.01134)	-0.20398*** (0.01094)	-0.25339*** (0.01116)	-0.56971*** (0.02012)	-0.51108*** (0.01919)	-0.64445*** (0.02001)
AR(1)	0.000	0.000	0.000	0.000	0.000	0.000
AR(2)	0.5483	0.5473	0.5294	0.6728	0.6728	0.6611
Surgan	0.999	0.999	0.999	0.999	0.999	0.999

注：CREDIT 为信贷资金占总资产比例，CASH 为现金流占总资产比例，SPEC1R 为省区市股市成交额与 GDP 比值 SPECU1 和省区市经济变量回归的残差，SPEC2R 为省区市股市成交额增长率 SPECU2 和省区市经济变量回归的残差，SPEC3R 为省区市股市成交额波幅 SPECU3 和省区市经济变量回归的残差；所有回归均包含时间和个体效应以及行业虚拟变量，样本观测值数为 2135164；括号内的数值为异方差稳健标准误，*** 、** 和 * 分别表示 t 值（双尾）在 1% 、5% 和 10% 水平上统计显著。

（5）股市过度投机对不同规模实体企业的影响。

表5-24提供了采用GMM方法下股市过度投机对中小型实体企业和大型实体企业影响的回归估计结果。由表中结果可见，模型中AR（1）的P值小于1%，AR（2）的P值大于10%，Sargan检验的P值大于10%，表明模型中工具变量的选取是合理的，GMM方法通过有效性检验；栏（1）至栏（6）中，股市过度投机交易活跃度的系数估计值$\hat{\delta}_1$均在1%水平以上统计显著为负，表明省区市的股市过度投机对当地实体企业的融资约束、生产要素投入、产出和生产率存在负面影响；除个别情况外，企业规模虚拟变量的系数估计值$\hat{\delta}_2$均在10%水平以上统计显著为负，表明中小型实体企业比大型实体企业具有更高的融资约束以及更低的生产要素投入、产出和生产率；另外，除个别情况外，股市过度投机交易活跃度与企业规模交乘项（SPECU×SMALL）的系数估计值$\hat{\delta}_3$也均在10%水平以上统计显著为负，表明省区市的股市过度投机对中小型实体企业融资约束、生产要素投入以及产出和生产效率的负面影响高于大型实体企业，因此假设H5-5无法被拒绝，股市过度投机对不同规模实体企业融资约束、生产要素投入以及产出和生产效率影响的研究结论依然稳健。

此外，研究还发现，采用GMM方法和排除经济基本面因素之后的省区市股市成交额与GDP比率每上升100个百分点，中小型实体企业信贷资金比例、固定资产比率、员工人数增长率、工业产值比率、销售收入比率、单要素生产率以及全要素生产率的降幅分别比大型实体企业增加0.091个、0.111个、0.336个、3.702个、3.545个、0.219个以及0.050个百分点，而现金流比例下降0.019个百分点；省区市股市成交额增长率每上升100个百分点，中小型实体企业信贷资金比例、现金流比例、固定资产比率、员工人数增长率以及全要素生产率的降幅分别比大型实体企业增加0.507个、0.615个、0.183个、15.094个、14.393个以及0.376个百分点，而工业产值比率下降0.102个百分点；省区市股市成交额波幅每上升100个百分点，中小型实体企业信贷资金比例、现金流比例、固定资产比率、员工人数增长率、工业产值比率、销售收入比率、单要素生产率以及全要素生产率的降幅分别比大型实体企业增加1.980个、6.094个、0.892个、2.245个、36.101个、34.965个、2.383个以及1.041个百分点。

表 5-24　　股市过度投机对不同规模实体企业的影响

股市过度投机与实体企业融资约束						
变量	CREDIT			CASH		
	SPEC1R	SPEC2R	SPEC3R	SPEC1R	SPEC2R	SPEC3R
L. CREDIT	0.32065 *** (0.00907)	0.31754 *** (0.00906)	0.31735 *** (0.00906)			
L. CASH				0.68654 *** (0.01590)	0.68438 *** (0.01588)	0.68088 *** (0.01589)
SPECR	-0.00303 *** (0.00020)	-0.00830 *** (0.00022)	-0.01201 *** (0.00036)	-0.01085 *** (0.00025)	-0.00683 *** (0.00022)	-0.02287 *** (0.0046)
SMALL	-0.02564 *** (0.00156)	-0.02041 *** (0.00154)	-0.01980 ** (0.00153)	-0.07245 *** (0.00236)	-0.06659 *** (0.00235)	-0.06094 *** (0.00235)
SPECR × SMALL	-0.00091 *** (0.00024)	-0.00507 *** (0.00032)	-0.00694 *** (0.00054)	0.00019 (0.00030)	-0.00615 *** (0.00033)	-0.01987 *** (0.00065)
AR(1)	0.000	0.000	0.000	0.000	0.000	0.000
AR(2)	0.5512	0.5500	0.5323	0.6696	0.6745	0.6633
Surgan	0.999	0.999	0.999	0.999	0.999	0.999
股市过度投机与实体企业生产要素投入						
变量	K			L		
	SPEC1R	SPEC2R	SPEC3R	SPEC1R	SPEC2R	SPEC3R
L. K	0.72150 *** (0.01440)	0.71891 (0.01441)	0.71568 *** (0.01459)			
L. L				0.52473 *** (0.00852)	0.52242 *** (0.00849)	0.50655 *** (0.00856)
SPECR	-0.01616 *** (0.00031)	-0.01371 *** (0.00027)	-0.03887 *** (0.00059)	-0.00913 *** (0.00038)	-0.00699 *** (0.00034)	-0.03007 *** (0.00057)
SMALL	-0.10941 *** (0.00293)	-0.10003 *** (0.00292)	-0.09081 *** (0.00290)	-0.04704 *** (0.00193)	-0.04336 *** (0.00192)	-0.03538 *** (0.00193)
SPECR × SMALL	-0.00111 *** (0.00036)	-0.00183 *** (0.00034)	-0.00892 *** (0.00070)	-0.00336 *** (0.00047)	-0.00682 *** (0.00042)	-0.02245 *** (0.00072)
AR(1)	0.000	0.000	0.000	0.000	0.000	0.000

续表

股市过度投机与实体企业生产要素投入						
变量	K			L		
	SPEC1R	SPEC2R	SPEC3R	SPEC1R	SPEC2R	SPEC3R
AR(2)	0.6806	0.6850	0.6765	0.8457	0.8485	0.8431
Surgan	0.999	0.999	0.999	0.999	0.999	0.999

股市过度投机与实体企业产出						
变量	INCOME			SALE		
	SPEC1R	SPEC2R	SPEC3R	SPEC1R	SPEC2R	SPEC3R
L. INCOME	0.69896 *** (0.01448)	0.69548 *** (0.01446)	0.69325 *** (0.01445)			
L. SALE				0.69348 *** (0.01478)	0.68997 *** (0.01475)	0.68782 *** (0.01474)
SPECR	-0.13876 *** (0.00257)	-0.06425 *** (0.00212)	-0.26310 *** (0.00455)	-0.13689 *** (0.00255)	-0.06333 *** (0.00215)	-0.25885 *** (0.00451)
SMALL	-1.03822 *** (0.02478)	-0.94481 *** (0.02458)	-0.88006 *** (0.02446)	-1.01976 *** (0.02448)	-0.92857 *** (0.02429)	-0.86473 *** (0.02417)
SPECR × SMALL	-0.03702 *** (0.00324)	-0.15094 *** (0.00361)	-0.36101 *** (0.00711)	-0.03543 *** (0.00326)	-0.14393 *** (0.00360)	-0.34965 *** (0.00706)
AR(1)	0.000	0.000	0.000	0.000	0.000	0.000
AR(2)	0.7268	0.7332	0.7190	0.7232	0.7296	0.7155
Surgan	0.999	0.999	0.999	0.999	0.999	0.999

股市过度投机与实体企业生产率						
变量	TFP1			TFP2		
	SPEC1R	SPEC2R	SPEC3R	SPEC1R	SPEC2R	SPEC3R
L. TFP1	0.42752 *** (0.00507)	0.42920 *** (0.00506)	0.42031 *** (0.00509)			
L. TFP2				0.42913 *** (0.00514)	0.43118 *** (0.00513)	0.42711 *** (0.00516)
SPECR	-0.02067 *** (0.00045)	-0.02178 *** (0.00041)	-0.03263 ** (0.00066)	-0.01759 *** (0.00042)	-0.01855 *** (0.00039)	-0.02076 *** (0.00060)

续表

股市过度投机与实体企业生产率						
变量	TFP1			TFP2		
	SPEC1R	SPEC2R	SPEC3R	SPEC1R	SPEC2R	SPEC3R
SMALL	-0.02803*** (0.00228)	-0.01258*** (0.00226)	-0.00956*** (0.00228)	-0.00231 (0.00208)	-0.00930*** (0.00207)	-0.00938*** (0.00208)
SPECR × SMALL	-0.00219*** (0.00055)	0.00102** (0.00051)	-0.02383*** (0.00083)	-0.00050 (0.00051)	-0.00376*** (0.00049)	-0.01041*** (0.00077)
AR(1)	0.000	0.000	0.000	0.000	0.000	0.000
AR(2)	0.7639	0.7571	0.7730	0.7708	0.7605	0.7731
Surgan	0.999	0.999	0.999	0.999	0.999	0.999

注：CREDIT 为信贷资金占总资产比例，CASH 为现金流占总资产比例，K 为固定资产与总资产比率，L 为员工人数的自然对数，INCOME 为工业总产值与总资产比率，SALE 为产品销售收入与总资产比率，TFP1 为工业总产值与员工人数比率的自然对数，TFP2 为全要素生产率（LP 法估算）；SPEC1R 为省区市股市成交额与 GDP 比值 SPECU1 和省区市经济变量回归的残差，SPEC2R 为省区市股市成交额增长率 SPECU2 和省区市经济变量回归的残差，SPEC3R 为省区市股市成交额波幅 SPECU3 和省区市经济变量回归的残差，SMALL 为企业规模虚拟变量（样本为中小企业时，SMALL 取值为 1，否则取值为 0）；所有回归均包含控制变量以及行业虚拟变量，样本观测值数为 2135164。括号内的数值为异方差稳健标准误，***、** 分别表示 t 值（双尾）在 1%、5% 水平上统计显著。

（6）股市过度投机对内、外资实体企业的影响。

表 5-25 提供了采用 GMM 方法下股市过度投机对内、外资实体企业影响的回归估计结果。由表中结果可见，模型中 AR（1）的 P 值小于 1%，AR（2）的 P 值大于 10%，Sargan 检验的 P 值大于 10%，表明模型中工具变量的选取是合理的，GMM 方法通过有效性检验；栏（1）至栏（6）中，除个别情况外，股市过度投机交易活跃度的系数估计值 $\hat{\theta}_1$ 均在 1% 水平以上统计显著为负，表明省区市的股市过度投机对当地外资实体企业的融资约束、生产要素投入、产出和生产率存在负面影响；大部分产权类型虚拟变量的系数估计值 $\hat{\theta}_2$ 均在 10% 水平以上统计显著为负，表明内资企业比外资企业具有更高的融资约束以及更低的生产要素投入、产出和生产率；另外，除少数情况外，股市过度投机交易活跃度与产权性质交乘项（SPECU × DOM）的系数估计值 $\hat{\theta}_3$ 也均在 10% 水平以上统计显著为负，表明省区市的股市过度投机对内资实体企业融资约束、生产要素投入以及产

出和生产效率的负面影响高于外资实体企业，因此假设 H5－6 无法被拒绝，股市过度投机对不同产权性质实体企业融资约束、生产要素投入以及产出和生产效率影响的研究结论依然稳健。

此外，研究还发现，采用 GMM 方法和排除经济基本面因素之后的省区市股市成交额与 GDP 比率每上升 100 个百分点，内资实体企业信贷资金比例、现金流比例、固定资产比率、员工人数增长率、工业产值比率、销售收入比率、单要素生产率以及全要素生产率的降幅比外资实体企业分别增加 0.012 个、0.011 个、0.380 个、0.450 个、5.344 个、5.645 个、0.881 个及 0.461 个百分点；省区市股市成交额增长率每上升 100 个百分点，内资实体企业信贷资金比例、现金流比例、固定资产比率、员工人数增长率、工业产值比率、销售收入比率、单要素生产率以及全要素生产率的降幅分别比外资企业增加 0.625 个、0.311 个、0.421 个、0.190 个、0.804 个、1.231 个、0.449 个以及 0.406 个百分点；省区市股市成交额波幅每上升 100 个百分点，内资企业信贷资金比例、现金流比例、固定资产比率、员工人数增长率、工业产值比率、销售收入比率、单要素生产率以及全要素生产率的降幅分别比外资企业增加 0.547 个、0.104 个、0.510 个、3.981 个、6.119 个、7.131 个、1.541 个以及 1.269 个百分点。

表 5－25　股市过度投机对不同产权性质实体企业的影响

股市过度投机与融资约束						
变量	CREDIT			CASH		
	SPEC1R	SPEC2R	SPEC3R	SPEC1R	SPEC2R	SPEC3R
L. CREDIT	0.32051*** (0.00882)	0.31739*** (0.00905)	0.31727*** (0.00906)			
L. CASH				0.68432*** (0.01590)	0.68259*** (0.01589)	0.68006*** (0.01589)
SPECR	－0.00333*** (0.00024)	－0.00620*** (0.00041)	－0.01178*** (0.00062)	－0.01025*** (0.00026)	－0.01404*** (0.00440)	－0.03507*** (0.00083)
DOM	－0.00744*** (0.00165)	－0.00668*** (0.00164)	－0.00679*** (0.00165)	0.00217 (0.00215)	0.00198 (0.00215)	0.00107 (0.00214)
SPECR × DOM	－0.00012 (0.00027)	－0.00625*** (0.00045)	－0.00547*** (0.00069)	－0.00011 (0.00029)	－0.00311*** (0.0048)	－0.00104 (0.00089)

续表

股市过度投机与融资约束

变量	CREDIT			CASH		
	SPEC1R	SPEC2R	SPEC3R	SPEC1R	SPEC2R	SPEC3R
AR(1)	0.000	0.000	0.000	0.000	0.000	0.000
AR(2)	0.5487	0.5477	0.5297	0.6681	0.6728	0.6612
Surgan	0.999	0.999	0.999	0.999	0.999	0.999

股市过度投机与实体企业生产要素投入

变量	K			L		
	SPEC1R	SPEC2R	SPEC3R	SPEC1R	SPEC2R	SPEC3R
L. K	0.71931 *** (0.01444)	0.71685 *** (0.01445)	0.71400 *** (0.01446)			
L. L				0.52482 *** (0.00852)	0.52254 *** (0.00849)	0.50780 *** (0.00855)
SPECR	-0.01190 *** (0.00034)	-0.01938 *** (0.00048)	-0.05035 *** (0.00101)	-0.01053 *** (0.00054)	-0.013396 ** (0.00060)	-0.05621 *** (0.00097)
DOM	0.00176 (0.00279)	-0.00053 * (0.00279)	-0.00049 (0.00272)	-0.00069 (0.00276)	0.00050 (0.00250)	-0.03352 *** (0.00261)
SPECR × DOM	-0.00380 *** (0.00036)	-0.00421 *** (0.00050)	-0.00510 *** (0.00105)	-0.00450 *** (0.00060)	-0.00190 *** (0.00063)	-0.03981 *** (0.00091)
AR(1)	0.000	0.000	0.000	0.000	0.000	0.000
AR(2)	0.6793	0.6837	0.6746	0.8446	0.8475	0.8424
Surgan	0.999	0.999	0.999	0.999	0.999	0.999

股市过度投机与实体企业产出

变量	INCOME			SALE		
	SPEC1R	SPEC2R	SPEC3R	SPEC1R	SPEC2R	SPEC3R
L. INCOME	0.68968 *** (0.01478)	0.68704 *** (0.01475)	0.68614 *** (0.01473)			
L. SALE				0.69511 *** (0.01449)	0.69249 *** (0.01447)	0.69155 *** (0.01445)
SPECR	-0.10897 *** (0.00274)	-0.15599 *** (0.00477)	-0.43230 *** (0.00880)	-0.10926 *** (0.00274)	-0.15779 *** (0.00473)	-0.43487 *** (0.00878)
DOM	0.00963 (0.02408)	-0.05205 ** (0.02293)	-0.01881 *** (0.02387)	0.01237 (0.02426)	-0.00503 (0.02396)	-0.01733 (0.02440)

续表

股市过度投机与实体企业产出						
变量	INCOME			SALE		
	SPEC1R	SPEC2R	SPEC3R	SPEC1R	SPEC2R	SPEC3R
SPECR × DOM	-0.05344*** (0.00324)	-0.00804 (0.00522)	-0.06119*** (0.00961)	-0.05645*** (0.00321)	-0.01231** (0.00519)	-0.07131*** (0.00960)
AR(1)	0.000	0.000	0.000	0.000	0.000	0.000
AR(2)	0.7207	0.7272	0.7127	0.7243	0.7308	0.7162
Surgan	0.999	0.999	0.999	0.999	0.999	0.999
股市过度投机与实体企业生产率						
变量	TFP1			TFP2		
	SPEC1R	SPEC2R	SPEC3R	SPEC1R	SPEC2R	SPEC3R
L. TFP1	0.42706*** (0.00759)	0.42899*** (0.00758)	0.42025*** (0.00763)			
L. TFP2				0.42892*** (0.00771)	0.43130*** (0.00770)	0.42717*** (0.00774)
SPECR	-0.01479*** (0.00062)	-0.01858*** (0.00071)	-0.03378** (0.00111)	-0.01361*** (0.00058)	-0.01248*** (0.00066)	-0.01580*** (0.00101)
DOM	-0.00299*** (0.00103)	-0.00125 (-0.00112)	-0.00141 (0.00107)	-0.00394** (0.00171)	-0.00492*** (0.00168)	-0.00167 (0.00176)
SPECR × DOM	-0.00881*** (0.00069)	-0.00449*** (0.00075)	-0.01541*** (0.00118)	-0.00461*** (0.00065)	-0.00406*** (0.00070)	-0.01269*** (0.00108)
AR(1)	0.000	0.000	0.000	0.000	0.000	0.000
AR(2)	0.7653	0.7576	0.7738	0.7711	0.7598	0.7726
Surgan	0.999	0.999	0.999	0.999	0.999	0.999

注：CREDIT 为信贷资金占总资产比例，CASH 为现金流占总资产比例，K 为固定资产与总资产比率，L 为员工人数的自然对数，INCOME 为工业总产值与总资产比率，SALE 为产品销售收入与总资产比率，TFP1 为工业总产值与员工人数比率的自然对数，TFP2 为全要素生产率（LP 法估算）；SPEC1R 为省区市股市成交额与 GDP 比值 SPECU1 和省区市经济变量回归的残差，SPEC2R 为省区市股市成交额增长率 SPECU2 和省区市经济变量回归的残差，SPEC3R 为省区市股市成交额波幅 SPECU3 和省区市经济变量回归的残差，DOM 为产权性质虚拟变量（样本为内资企业时，DOM 取值为 1，否则取值为 0）；所有回归均包含控制变量以及行业虚拟变量，样本观测值数为 2135164。括号内的数值为异方差稳健标准误，***、** 和 * 分别表示 t 值（双尾）在 1%、5% 和 10% 水平上统计显著。

5.7 本章小结

本章从中微观相结合视角考察了股市过度投机是否影响实体经济（生产要素投入、企业产出、生产率以及融资约束），使用剔除了经济基本面因素之后的省区市股市成交额与 GDP 比值、成交额增长率及成交额波幅三个指标衡量股市过度投机性，使用实体企业融资约束、生产要素投入、产出和生产率衡量实体经济发展状态，并且按资产规模和产权性质将企业分类，发现：（1）省区市的股市过度投机交易活跃度越高，当地实体企业的融资约束越高，而生产要素投入、生产产出和生产率越低；（2）省区市的股市过度投机对中小型实体企业融资约束、生产要素投入以及产出和生产效率的负面影响高于大型企业；（3）省区市的股市过度投机对内资实体企业融资约束、生产要素投入以及产出和生产效率的负面影响高于外资实体企业。通过 GMM 方法再次回归分析和采用未剔除经济基本面因素的省区股市成交额与 GDP 比值、成交额增长率及成交额波幅三个指标衡量股市过度投机性，以上研究结论依然成立。本章的实证结果表明，股市过度投机对实体经济具有显著的负面效应。值得注意的是，本章的研究内容主要在甄别“股市过度投机—实体经济”范式刻画上，而对于两者之间的动因和具体作用机制依然较为模糊，需要通过理论分析和实证研究进一步加以探析，这也是本书第 6 章重点探讨的内容。

第6章 股市过度投机与实体经济作用机制的实证分析

通过第5章分析可知，股市过度投机确实能对实体经济产生影响，但对于两者间的具体作用机制依旧较为模糊，本章主要探讨两者间的具体作用机制。

6.1 理论假设与计量模型

6.1.1 理论假设

Fazzari（1988）认为，在市场不完备下，融资约束加大使企业融资成本增加，可以获得的投资资金减少，进而导致企业投资难以最优化，甚至被迫投资机会、投资水平下降。Bernanke 和 Gertler（1989）认为，如果银行信贷供给减少，那么企业资产可能缩水，导致企业被迫低价出售存货并减少设备购置支出，因此长期投资降低，最终造成实体经济的失业率上升。Holmström 和 Tirole（1998）认为，如果银行信贷供给波动性增大，那么企业为预防流动性风险将持有更多现金储备，导致投资下降。Gomes（2001）认为，企业所受融资约束增加时，现金等流动性资产必然减少，因此投资下降。何光辉和杨咸月（2012）使用2003～2009年我国制造业上市公司数据，发现银行信贷规模减小导致企业融资约束增加，进而造成固定资产投资和劳动力支出下降，而且融资约束对民企生产率存在显著的负面影响，流动性差、负债率高或研发投入低的民企所受负面影响更加严重。王义中等（2015）发现，我国商业银行信贷供给降低后，企业申请贷款（特别是长期贷款）的难度加大，因此融资约束上升；为保证正常运营、应对未来不确定性并走出融资困境，企业只能减少长期资金需求并增加短期流动性资金需求，因此新增投资降低。戴严科和林曙（2017）认为，资金充裕情况影响企业投资行为，当企业资金紧缺时，需要从金融机构获得信贷支持以缓解投资压力，融资成本使企业获得的融资减少，导致流动资金减少从而削减投资。据此，我们认为企业融资约束抑制企业生产投入，而通过第 5 章假设 H5 –4 的分析可知省区市的股市过度投机交易活跃度越高，当地实体企业的融资约束就越大。因此，本书提出以下假设：

假设 H6 –1：省区市的股市过度投机交易活跃度对当地实体企业要素投入的影响取决于融资约束，源自股市过度投机的融资约束越大，实体企业要素投入越低。

Bolton 和 Scharfstein（1990）认为，如果企业融资约束增加，那么竞争对手可能使用掠夺性定价等不正当手段攫取市场份额，导致企业销售收入大幅减少，此时，偿债压力将迫使企业降低投资或在产品市场上采取更加保守的竞争策略，进而造成产出减少，甚至可能最终破产并退出市场。陈彦斌等（2014）发现，融资约束增加之后，资金在企业间的流转能力变差，无法从低效率企业流入高效率企业，导致投资规模萎缩和产出下降。罗来军等（2016）发现，融资困难且资金紧张的企业将缩减投资与经营规模，放弃一些业务，对关联企业拖欠更多更久的债务，同时，降低职工待遇并压缩其他开支，最终导致产出减少。葛鹏等（2017）认为，融资约束使资源错配，低效率企业易于获得信贷融资，导致大量生产效率损失。此外，融资约束使企业研发投入不足，抑制企业研发创新，带来产出和效率降低，并且融资约束钝化了市场中企业正常的进入和退出机制，阻碍资源的合理配置，抑制了企业产出和效率。据此，我们认为企业融资约束抑制企业生产产出，而通过第 5 章假设 H5 –4 的分析可知省区市的股市过度投机交易活跃度越高，当地实体企业的融资约束就越大。因此，本书提出以下假设：

假设 H6 –2：省区市的股市过度投机交易活跃度对当地实体企业产出的影响取决于融资约束，源自股市过度投机的融资约束越大，实体企业产出越低。

Hsieh 和 Klenow（2009）提出，融资约束可能抑制企业研发创新，造成产出和生产效率下降。Aghion 等（2010）认为，当融资约束增加时，企业由于资金不足难以维持研发投入，进而导致技术落后，生产效率下降。Caggese 和 Cuñat（2013）认为，融资约束扭曲了企业产品升级、投融资和技术改进等各项决策，导致资源错配和生产效率降低。邵敏等（2013）使用世行《中国投资环境调查》数据，发现我国制造业企业的融资约束越大，员工收入水平和企业劳动力需求就越低，而且融资约束对劳动力的负面影响源自企业生产率下降。项松林和魏浩（2014）采用 1998～2008 年中国工业企业微观数据，发现融资约束抑制了企业研发创新，进而导致企业生产效率下降。张杰等（2016）认为，企业资本配置能否实现最优化决定了生产效率水平，较高融资约束会扭曲企业资源优化配置，降低企业生产率，而融资约束降低则有助于提高企业生产率。田晖等（2018）认为，信息不对称和代理问题使融资约束企业难以通过外部融资获得所需资金，即使获得融资也是以高融资成本为代价，进而使企业资本结构和生产经营决策难以实现最优化，难以形成最优的资源配置，导致生产率下降。据此，本书认为实体企业融资约束抑制实体企业生产生产率，而通过第 5 章假设 H5－4 的分析可知省区市的股市过度投机交易活跃度越高，当地实体企业的融资约束就越大。因此，本书提出以下假设：

假设 H6－3：省区市的股市过度投机交易活跃度对当地实体企业生产率的影响取决于融资约束，源自股市过度投机的融资约束越大，实体企业生产率就越低。

6.1.2　计量模型

为检验假设 H6－1 至 H6－3，借鉴苏冬蔚和熊家财（2013）的研究，本书设置以下实证模型。

首先，以融资约束为因变量，省区市的股市过度投机为自变量进行以下回归：

$$IC_{i,t} = \beta_0 + \beta_1 SPECR_{i,t} + \eta_i + \varepsilon_{i,t} \tag{6-1}$$

然后将回归式（6－1）的拟合值 $\widehat{IC_{i,t}}$ 作为自变量取代 $SPECR_{i,t}$ 进行以

下回归：

$$Y_{i,t} = \rho_0 + \rho_1 \widehat{IC_{i,t-1}} + \gamma X_{i,t-1} + \eta_i + \varepsilon_{i,t} \tag{6-2}$$

其中，$Y_{i,t}$分别为实体企业生产要素投入、产出和生产率，$\widehat{IC_{i,t-1}}$为源自省区市的股市过度投机的融资约束。假设 H6-1 ~ H6-3 要求系数估计值 $\hat{\rho}_1 > 0$。

6.2 变量选取

本章主要变量的选取同第5章一致，具体如下：

(1) 股市过度投机交易活跃度（SPECR）。

Scheinkman 和 Xiong（2003）、胡聪慧等（2016）等指出，股票价格由基本价值和投机性共同决定，股市交易可分为基于经济基本面的价值投资或长线投资以及偏离经济基本面的短线投机。为此，本书分别以股市交易活跃度为因变量，以经济基本面因素为自变量进行回归分析，进而排除了经济基本面因素对成交额的干扰，然后使用回归残差衡量省区市的股市过度投机程度。具体构建过程如下：

首先，通过以下三个指标衡量省区市股市交易活跃度：

SPECU1：省区市投资者当年股市成交额与 GDP 比值。如果省区市流入与流出股市的资金越多，那么 SPECU1 取值就越大，股市交易活跃度也就越高，同时，股票在投资者手中停留的时间缩短，表明投机活动愈严重。

SPECU2：省区市投资者当年股市成交额相对于上年成交额的增长率。如果省区市流入与流出股市的资金超过上一年度，那么 SPECU2 取值为正，表明该省区市投资者进入股市的速度加快，整体交易活跃度上升，因此投机性变强。

SPECU3：省区市股市成交额（SPECU1）的波动性。具体算法如下：

$$SPECU3_{i,t-1} = \sqrt{\left(\frac{1}{3}\right)\sum_{t=-2}^{0}(SPECU1_{i,t-1} - SPECU1_{i,t-2})^2} \tag{6-3}$$

如果 SPECU3 增大，那么股市交易活跃度上升，表明该省区市投资者的投机行为越发盛行。

其次，鉴于股市成交额包含基于经济基本面的价值投资或长线投资以及偏离经济基本面的短线投机，因此本书分别以 SPECU1、SPECU2 以及 SPECU3 为因变量，以省区市 GDP 增长率（GDP）、财政支出占 GDP 比重（EXPEND）以及固定资产投资占 GDP 比重（INVEST）为自变量进行以下回归：

$$SPECU_{i,t} = \alpha_0 + \alpha_1 GDP_{i,t} + \alpha_2 EXPEND_{i,t} + \alpha_3 INVEST_{i,t} + \varepsilon_{i,t} \quad (6-4)$$

回归残差 SPEC1R、SPEC2R 和 SPEC3R 排除了基于经济基本面以及长线投资的股市交易活跃度，因此可用于度量股市过度投机交易活跃度。

（2）融资约束（IC）。

分别使用信贷资金占总资产比例（CREDIT）和现金流占总资产比例（CASH）衡量实体企业获取外部资金和内部资金的难易程度。鉴于工业企业数据库仅提供每年应付利息额，因此本书根据当年银行贷款利率推算出企业所获贷款，在此基础上计算信贷资金占总资产比率。CREDIT 越大，表明企业获取贷款的能力越强，因此外源性融资约束就越小。CASH 越大，表明企业现金流越充裕，因此内源性融资约束就越小。

（3）投入与产出。

通过固定资产与总资产比率（K）和员工人数的自然对数（L）衡量企业投入，通过工业总产值与总资产比率（INCOME）和产品销售收入与总资产比率（SALE）衡量企业产出。

（4）生产率。

通过单要素生产率（TFP1）和全要素生产率（TFP2）衡量企业生产率，其中，TFP1 为工业总产值与员工人数比率的自然对数，TFP2 的估算过程如下：

首先，估计以下 Cobb – Douglas 生产函数：

$$VAL_{i,t} = \alpha L_{i,t} + \beta KA_{i,t} + \mu_{i,t} \quad (6-5)$$

其中，VAL 为工业增加值的自然对数，KA 和 L 分别为固定资产和员工数的自然对数，回归残差 $\hat{\mu}_{i,t}$ 为企业生产率。

其次，鉴于使用 OLS 估计企业生产函数存在选择性偏差和内生性问题，因此本书采用 Levinsohn 和 Petrin（2003）提出的 LP 法，以中间投入为代理变量修正模型（6 – 6）如下：

$$VAL_{i,t} = \alpha L_{i,t} + \beta\varphi(KA_{i,t}, m_{i,t}) + \mu_{i,t} \tag{6-6}$$

其中，$VAL_{i,t}$为工业增加值，$m_{i,t}$为工业中间投入，$\varphi(KA_{i,t}, m_{i,t})$为资本存量和工业中间投入的函数，部分年份工业增加值和工业中间投入缺失数据借鉴 Cai 和 Liu（2009）的方法估算补齐，即工业中间投入 = 工业总产值 - 企业利润 - 财务费用 - 工资 - 当期折旧 - 增值税，工业增加值 = 工业总产值 - 工业中间投入 + 增值税。

取得 α 和 β 估计值后，通过下式估算 TFP2：

$$TFP2_{i,t} = VAL_{i,t} - \hat{\alpha}L_{i,t} - \hat{\beta}KA_{i,t} \tag{6-7}$$

根据数据可得性和相关性，本书使用以下企业层面控制变量：

（5）资产规模（SIZE）：借鉴马述忠（2017）的研究，本书采用总资产的自然对数衡量资产规模。就资产规模而言，该指标值越大，企业可抵押的资产越多，融资约束越小，生产能力越强，反之亦然。

（6）盈利能力（EARN）：借鉴董香书和肖翔（2017）的研究，本书采用企业当年利润与总资产之比衡量盈利。就盈利能力而言，该指标值越大，企业现金流越大，可投入生产的资金越多，融资约束越小，生产能力越强，反之亦然。

（7）成长性（GROWTH）：借鉴黄俊等（2013）的研究，本书采用销售收入增长率衡量成长性，就成长性而言，该指标值越大，企业规模扩张越快，需要的资金越多，融资约束越大，生产能力越弱，反之亦然。

（8）资产负债率（LEV）：借鉴王智波和李长洪（2015）的研究，本书采用总负债与总资产之比衡量资产负债率，就资产负债率而言，该指标值越大，企业需要偿还的债务越多，融资约束越大，生产能力越弱，反之亦然。

（9）资产有形性（TANGIB）：借鉴苏冬蔚和曾海舰（2009）的研究，本书采用存货与固定资产之和除以总资产衡量资产有形性，就资产有形性而言，该指标值越大，企业的存货和固定资产越高，可用于贷款抵押的资产越多，企业融资约束越小，生产能力越强，反之亦然。

（10）企业年龄（AGE）：借鉴盛丹和李蕾蕾（2018）的研究，本书采用样本数据年份减去企业成立年份之后取对数衡量企业成立年龄。就企业年龄而言，该指标值越大，企业成立时间越长，信用记录越完善，有利于获得融资，企业融资约束越小，生产能力越强，反之亦然。

(11) 行业变量 (IND):鉴于我国行业代码分类曾多次出现调整,所以本书根据中国证监会于2011年制订的上市公司行业指引重新构建工业企业数据库中的二级行业代码,在此基础上设置相应的行业虚拟变量。

6.3 数据来源和筛选

(1) 数据来源。

与第5章一致,本章的实体企业微观数据来自1998~2013年国家统计局工业企业数据库。该数据库包含我国全部国有企业以及年收入超过500万元的民营企业(不含金融和房地产业),涵盖了中国工业企业的绝大部分比例,其销售额占工业企业销售额的近90%,近似于一个全样本(聂辉华等,2012),因此,该数据库可以作为研究我国实体经济发展的代表性样本。为获取非上市企业资料,本书对上市公司的法人代码进行手工搜集,然后与数据库的相关企业代码进行匹配,在此基础上删除所有上市公司样本。另外,而股市成交额数据则从历年《上海交易所统计年鉴》和《深圳交易所统计年鉴》获取各地区证券营业部的股票交易额,然后按省区市和年度汇总,形成31个省区市投资者的股票成交额。

(2) 数据说明。

与第5章一致,本章选取的实体企业同样将上市企业排除在外,这主要是因为:首先,股市本身就是为上市企业提供直接融资的场所,上市企业可以从股市获得资金而缓解融资约束;其次,股市投机与上市公司行为之间可能具有相互影响和相互作用的内生性关系,如苏冬蔚和熊家财(2003)、冯根福等(2017)的实证研究表明上市企业的公司治理和经营绩效均会受到股票交易(换手率)的影响,而Peng等(2011)发现,股票交投活跃程度提高后,大股东更有动力掏空企业,从而引发该股新一轮的炒作。

(3) 数据筛选。

与第5章一致,本章数据筛选原则具体如下:①剔除员工数小于10的企业；②剔除超过一个法人代码的企业；③剔除明显不符合会计原则的观测值，如总资产小于流动资产、累计折旧小于本年折旧以及主营业务收入大于总收入等样本；④剔除总资产、固定资产合计、固定资产年均余额、销售收入或主营业务收入、全体从业人员年平均数、工业总产值或工业中间投入合计等指标为缺省、零值或负值的企业；⑤剔除利息支出为负值的企业；⑥剔除经营时间不足 3 年的企业。鉴于相关变量需要取滞后三期的数据，因此最终样本为 2001 ~ 2013 年 472156 家企业共 2135164 个观测值且为非平衡面板数据。

6.4　实证结果

6.4.1　股市过度投机与实体企业投入作用机制

表 6 - 1 和表 6 - 2 分别提供了源自股市过度投机的内源性融资约束和外源性融资约束与实体企业生产要素投入的回归估计结果。由表中结果可见，栏（1）至栏（6）中，源自股市过度投机的外源性融资约束和内源性融资约束的系数估计值 $\hat{\rho}_1$ 均在 1% 水平以上统计显著为正，表明股市过度投机造成实体企业的融资约束增大，进而导致实体企业生产要素投入下降。而表 6 - 1 中内源性融资约束的系数估计值 $\hat{\rho}_1$ 大于表 6 - 2 中外源性融资约束的系数估计值 $\hat{\rho}_1$，则表明源自股市过度投机的内源性融资约束对实体企业生产要素投入的负面影响大于外源性融资约束。

排除经济基本面因素后，源自股市过度投机的内源性融资约束每上升 1 个百分点，实体企业固定资产比率、员工数增长率就分别下降 1.43 ~ 3.83 个、1.80 ~ 5.25 个百分点。源自股市过度投机的外源性融资约束每上升 1 个百分点，实体企业固定资产比率、员工数增长率就分别下降 1.93 ~ 2.79 个、1.97 ~ 3.82 个百分点。由此可见，假设 H6 - 1 无法被拒绝。

表 6-1 源自股市过度投机的融资约束（内源性）与实体企业生产要素投入

变量	K			L		
	SPEC1R	SPEC2R	SPEC3R	SPEC1R	SPEC2R	SPEC3R
$\widehat{CASH}$	3.83226*** (0.05623)	2.89532*** (0.03098)	1.43333*** (0.01772)	5.24681*** (0.08921)	2.95306*** (0.03036)	1.79855*** (0.02364)
LEV	-0.34590*** (0.00589)	-0.34392*** (0.00586)	-0.34680*** (0.00584)	-0.06692*** (0.00378)	-0.06472*** (0.00375)	-0.06798*** (0.00370)
SIZE	-0.12592*** (0.00303)	-0.12925*** (0.00294)	-0.10967*** (0.00293)	0.16009*** (0.00159)	0.15396*** (0.00156)	0.17957*** (0.00156)
TANGIB	0.15751*** (0.00632)	0.15627*** (0.00630)	0.16679*** (0.00628)	-0.03748*** (0.00413)	-0.03823*** (0.00411)	-0.02566*** (0.00405)
EARN	0.26271*** (0.01062)	0.25888*** (0.01058)	0.27899*** (0.01052)	0.43394*** (0.00532)	0.42851*** (0.00528)	0.45386*** (0.00519)
GROWTH	0.01559*** (0.00141)	0.01534*** (0.00140)	0.01746*** (0.00143)	-0.00769*** (0.00109)	-0.00733*** (0.00108)	-0.01005*** (0.00109)
AGE	0.01855*** (0.00027)	0.01777*** (0.00026)	0.01876*** (0.00027)	0.01645*** (0.00020)	0.01541*** (0.00019)	0.01663*** (0.00020)
常数项	0.31559*** (0.05243)	0.67656*** (0.03049)	0.95878*** (0.03048)	1.47262*** (0.04201)	2.32628*** (0.02015)	2.43884*** (0.01724)
HAUSMAN	2903.78	3248.33	3401.41	6095.11	2224.21	8064.30
Adj - R^2	0.1595	0.1641	0.1685	0.4245	0.4299	0.4472

注：K 为固定资产与总资产比率，L 为员工人数的自然对数，INCOME 为工业总产值与总资产比率，SPEC1R 为省区市股市成交额与 GDP 比值 SPECU1 和省区市经济变量回归的残差，SPEC2R 为省区市股市成交额增长率 SPECU2 和省区市经济变量回归的残差，SPEC3R 为省区市股市成交额波幅 SPECU3 和省区市经济变量回归的残差，$\widehat{CASH}$为源自股市过度投机 SPEC1R、SPEC2R 和 SPEC3R 的内源性融资约束；所有回归均包含时间和个体效应以及行业虚拟变量，样本观测值数为 2135164；括号内的数值为异方差稳健标准误，*** 表示 t 值（双尾）在 1% 水平上统计显著。

表 6－2　　源自股市过度投机的融资约束（外源性）与实体企业生产要素投入

变量	K			L		
	SPEC1R	SPEC2R	SPEC3R	SPEC1R	SPEC2R	SPEC3R
$\widehat{CREDIT}$	2.78805*** (0.06541)	1.92792*** (0.02276)	1.93322*** (0.02125)	3.81717*** (0.07649)	1.96637*** (0.02525)	2.42583*** (0.02908)
LEV	－0.34635*** (0.00591)	－0.34436*** (0.00588)	－0.34879*** (0.00587)	－0.070091*** (0.00378)	－0.06750*** (0.00375)	－0.07301*** (0.00370)
SIZE	－0.13411*** (0.00332)	－0.13659*** (0.00320)	－0.11524*** (0.00321)	0.16324*** (0.00172)	0.15644*** (0.00168)	0.18567*** (0.00169)
TANGIB	0.16425*** (0.00630)	0.16299*** (0.00628)	0.17123*** (0.00629)	－0.03929*** (0.00415)	－0.03953*** (0.00412)	－0.02963*** (0.00406)
EARN	0.25384*** (0.01068)	0.25095*** (0.01065)	0.26541*** (0.01059)	0.42298*** (0.00535)	0.41868*** (0.00531)	0.43740*** (0.00523)
GROWTH	0.01870*** (0.00134)	0.01911*** (0.00132)	0.01299*** (0.00133)	－0.00651*** (0.0086)	－0.00483*** (0.00085)	－0.01330*** (0.00084)
AGE	0.01938*** (0.00028)	0.01871*** (0.00027)	0.01963*** (0.00028)	0.01662*** (0.00021)	0.01561*** (0.00020)	0.01677*** (0.00021)
常数项	0.97905*** (0.04797)	1.16054*** (0.03231)	0.94318*** (0.03338)	2.10456*** (0.03202)	2.72984*** (0.01892)	2.28456*** (0.01860)
HAUSMAN	2883.76	3241.97	3393.29	5686.61	2627.89	7390.93
Adj－R^2	0.1622	0.1664	0.1712	0.4035	0.4138	0.4432

注：K 为固定资产与总资产比率，L 为员工人数的自然对数，SPEC1R 为省区市股市成交额与 GDP 比值 SPECU1 和省区市经济变量回归的残差，SPEC2R 为省区市股市成交额增长率 SPECU2 和省区市经济变量回归的残差，SPEC3R 为省区市股市成交额波幅 SPECU3 和省区市经济变量回归的残差，$\widehat{CREDIT}$为源自股市过度投机 SPEC1R、SPEC2R 和 SPEC3R 的外源性融资约束；所有回归均包含时间和个体效应以及行业虚拟变量，样本观测值数为 2135164；括号内的数值为异方差稳健标准误，*** 表示 t 值（双尾）在 1% 水平上统计显著。

6.4.2　股市过度投机与实体企业产出作用机制

表 6－3 和表 6－4 分别提供了源自股市过度投机的内源性融资约束和外

源性融资约束与实体企业生产产出的回归估计结果。由表中结果可见，栏(1)至栏(6)中，源自股市过度投机的外源性融资约束和内源性融资约束的系数估计值 $\hat{\rho}_1$ 均在1%水平以上统计显著为正，表明股市过度投机造成实体企业的融资约束增大，进而导致实体企业生产产出下降。而表6-3中内源性融资约束的系数估计值 $\hat{\rho}_1$ 大于表6-4中外源性融资约束的系数估计值 $\hat{\rho}_1$，则表明源自股市过度投机的内源性融资约束对实体企业生产产出的负面影响大于外源性融资约束。

排除经济基本面因素后，源自股市过度投机的内源性融资约束每上升1个百分点，实体企业工业产值比率、产品销售收入比率就分别下降12.68~24.77个、12.40~24.10个百分点。源自股市过度投机的外源性融资约束每上升1个百分点，实体企业工业产值比率、产品销售收入比率就分别下降13.99~17.11个、13.70~16.73个百分点。由此可见，假设H6-2无法被拒绝。

表6-3　　源自股市过度投机的融资约束（内源性）与实体企业产出

变量	INCOME			SALE		
	SPEC1R	SPEC2R	SPEC3R	SPEC1R	SPEC2R	SPEC3R
$\widehat{CASH}$	19.2272*** (0.39702)	24.77319*** (0.39044)	12.68329*** (0.18394)	18.82781*** (0.39087)	24.10329*** (0.38036)	12.40067*** (0.16462)
LEV	-2.47992*** (0.05703)	-2.46473*** (0.05680)	-2.48976*** (0.05667)	-2.43901*** (0.05596)	-2.42421*** (0.05573)	-2.44862*** (0.05560)
SIZE	-1.46598*** (0.02757)	-1.46680*** (0.02683)	-1.29229*** (0.02653)	-1.42314*** (0.02713)	-1.42418*** (0.02641)	-1.25338*** (0.02612)
TANGIB	-0.64461*** (0.06259)	-0.66026*** (0.06241)	-0.56798*** (0.06215)	-0.63242*** (0.00616)	-0.64759*** (0.06139)	-0.55748*** (0.06113)
EARN	7.41609*** (0.12774)	7.39878*** (0.12726)	7.57685*** (0.12001)	7.35264*** (0.12595)	7.33565*** (0.12549)	7.50978*** (0.12523)
GROWTH	0.02127*** (0.00791)	0.02121*** (0.00786)	0.02498*** (0.00799)	0.021273*** (0.00780)	0.02122*** (0.00775)	0.02490*** (0.00787)

续表

变量	INCOME			SALE		
	SPEC1R	SPEC2R	SPEC3R	SPEC1R	SPEC2R	SPEC3R
AGE	0.18734*** (0.00256)	0.18318*** (0.000250)	0.19191*** (0.00261)	0.18575*** (0.00252)	0.18168*** (0.00247)	0.19021*** (0.00257)
常数项	10.73101*** (0.48778)	8.90676*** (0.27305)	11.10215*** (0.27145)	10.35474*** (0.48073)	8.62351*** (0.26907)	10.72812*** (0.26741)
HAUSMAN	3244.31	3721.28	4130.07	388.45	422.17	453.46
Adj - R^2	0.2513	0.2536	0.2523	0.2473	0.2524	0.2508

注：INCOME 为工业总产值与总资产比率，SALE 为产品销售收入与总资产比率，SPEC1R 为省区市股市成交额与 GDP 比值 SPECU1 和省区市经济变量回归的残差，SPEC2R 为省区市股市成交额增长率 SPECU2 和省区市经济变量回归的残差，SPEC3R 为省区市股市成交额波幅 SPECU3 和省区市经济变量回归的残差，$\widehat{CASH}$为源自股市过度投机 SPEC1R、SPEC2R 和 SPEC3R 的内源性融资约束；所有回归均包含时间和个体效应以及行业虚拟变量，样本观测值数为 2135164；括号内的数值为异方差稳健标准误，*** 表示 t 值（双尾）在 1% 水平上统计显著。

表 6－4　　源自股市过度投机的融资约束（外源性）与实体企业产出

变量	INCOME			SALE		
	SPEC1R	SPEC2R	SPEC3R	SPEC1R	SPEC2R	SPEC3R
$\widehat{CREDIT}$	13.98824*** (0.65489)	16.49586*** (0.21846)	17.10675*** (0.19429)	13.69765*** (0.64642)	16.04979*** (0.21561)	16.72558*** (0.19111)
LEV	-2.49982*** (0.05712)	-2.48592*** (0.05690)	-2.52559*** (0.05684)	-2.45865*** (0.05604)	-2.44511*** (0.05583)	-2.48383*** (0.05578)
SIZE	-1.48092*** (0.02989)	-1.47523*** (0.02882)	-1.28047*** (0.02870)	-1.43874*** (0.02946)	-1.4333*** (0.02841)	-1.24282*** (0.02828)
TANGIB	-0.62784*** (0.06260)	-0.64567*** (0.06245)	-0.57252*** (0.06217)	-0.61517*** (0.06158)	-0.63249*** (0.6141)	-0.56115*** (0.06133)
EARN	7.31787*** (0.12803)	7.30129*** (0.12776)	7.43158*** (0.12721)	7.25498*** (0.12622)	7.23883*** (0.12579)	7.36610*** (0.12543)
GROWTH	0.03800*** (0.01315)	0.03337*** (0.01298)	-0.02250* (0.01301)	0.03944*** (0.01302)	0.03496*** (0.01281)	-0.01969 (0.01287)

续表

变量	INCOME			SALE		
	SPEC1R	SPEC2R	SPEC3R	SPEC1R	SPEC2R	SPEC3R
AGE	0.19166*** (0.00264)	0.18786*** (0.00260)	0.19611*** (0.00270)	0.19009*** (0.00260)	0.18639*** (0.00256)	0.19445*** (0.00266)
常数项	13.82624*** (0.43438)	12.58902*** (0.28579)	10.39761*** (0.29298)	13.40997*** (0.42858)	12.21628*** (0.28188)	10.05188*** (0.28894)
HAUSMAN	9270.18	3526.88	3912.15	3066.79	3512.16	3893.73
$Adj-R^2$	0.2513	0.2561	0.2547	0.2501	0.2549	0.2533

注：INCOME 为工业总产值与总资产比率，SALE 为产品销售收入与总资产比率，SPEC1R 为省区市股市成交额与 GDP 比值 SPECU1 和省区市经济变量回归的残差，SPEC2R 为省区市股市成交额增长率 SPECU2 和省区市经济变量回归的残差，SPEC3R 为省区市股市成交额波幅 SPECU3 和省区市经济变量回归的残差，$\widehat{CREDIT}$ 为源自股市过度投机 SPEC1R、SPEC2R 和 SPEC3R 的外源性融资约束；所有回归均包含时间和个体效应以及行业虚拟变量，样本观测值数为 2135164；括号内的数值为异方差稳健标准误，*** 和 * 分别表示 t 值（双尾）在 1% 和 10% 水平上统计显著。

6.4.3 股市过度投机与实体企业生产效率作用机制

表 6－5 和表 6－6 分别提供了源自股市过度投机的内源性融资约束和外源性融资约束与实体企业生产率的回归估计结果。由表中结果可见，栏（1）至栏（6）中，源自股市过度投机的外源性融资约束和内源性融资约束的系数估计值 $\hat{\rho}_1$ 均在 1% 水平以上统计显著为正，表明股市过度投机造成实体企业的融资约束增大，进而导致实体企业生产率下降。而表 6－5 中内源性融资约束的系数估计值 $\hat{\rho}_1$ 大于表 6－6 中外源性融资约束的系数估计值 $\hat{\rho}_1$，则表明源自股市过度投机的内源性融资约束对实体企业生产率的负面影响大于外源性融资约束。

排除经济基本面因素后，源自股市过度投机的内源性融资约束每上升 1 个百分点，实体企业工业总产值与员工人数比率、全要素生产率就分别下降 1.88～13.38 个、1.36～11.65 个百分点。源自股市过度投机的外源性融资约束每上升 1 个百分点，实体企业工业总产值与员工人数比率、全要素生产率就分别下降 5.08 ~ 9.74 个、3.40 ~ 8.08 个百分点个百分点。由此可见，假设 H6 - 3 无法被拒绝。

表 6 - 5　源自股市过度投机的融资约束（内源性）与实体企业生产率

变量	TFP1			TFP2		
	SPEC1R	SPEC2R	SPEC3R	SPEC1R	SPEC2R	SPEC3R
$\widehat{CASH}$	13.38381 *** (0.28895)	4.54527 *** (0.09066)	1.88299 *** (0.02966)	11.64791 *** (0.13541)	3.58068 *** (0.03465)	1.36401 *** (0.01239)
LEV	-0.04496 *** (0.00447)	-0.04902 *** (0.00448)	-0.04487 *** (0.00442)	-0.00048 (0.00400)	-0.00371 (0.00417)	-0.00066 (0.00413)
SIZE	0.23654 *** (0.00162)	0.25682 *** (0.00161)	0.23226 *** (0.00160)	0.13041 *** (0.00147)	0.14853 *** (0.00145)	0.13190 *** (0.00146)
TANGIB	0.04422 *** (0.00458)	0.04338 *** (0.00460)	0.02885 *** (0.00454)	-0.15963 *** (0.00431)	-0.16072 *** (0.00433)	-0.17099 *** (0.00429)
EARN	0.67189 *** (0.00605)	0.68628 *** (0.00606)	0.66005 *** (0.00601)	0.64117 *** (0.00560)	0.65352 *** (0.00562)	0.63526 *** (0.00559)
GROWTH	-0.04434 *** (0.00069)	-0.04205 *** (0.00070)	-0.04753 *** (0.00070)	-0.04447 *** (0.00066)	-0.04245 *** (0.00066)	-0.04623 *** (0.00067)
AGE	0.004317 *** (0.00022)	0.00689 *** (0.00023)	0.00557 *** (0.00022)	0.00650 *** (0.00021)	0.00869 *** (0.00022)	0.00777 *** (0.00022)
常数项	7.65891 *** (0.04833)	4.42091 *** (0.02154)	3.78712 *** (0.01796)	6.84447 *** (0.04430)	3.92223 *** (0.01997)	3.36947 *** (0.01638)
HAUSMAN	9921.65	10631.12	10019.13	13683.22	15118.22	13518.40
Adj - R^2	0.2181	0.2011	0.2352	0.1776	0.1740	0.1804

注：TFP1 为工业总产值与员工人数比率的自然对数，TFP2 为全要素生产率（LP 法估算），SPEC1R 为省区市股市成交额与 GDP 比值 SPECU1 和省区市经济变量回归的残差，SPEC2R 为省区市股市成交额增长率 SPECU2 和省区市经济变量回归的残差，SPEC3R 为省区市股市成交额波幅 SPECU3 和省区市经济变量回归的残差，$\widehat{CASH}$为源自股市过度投机 SPEC1R、SPEC2R 和 SPEC3R 的内源性融资约束；所有回归均包含时间和个体效应以及行业虚拟变量，样本观测值数为 2135164；括号内的数值为异方差稳健标准误，*** 表示 t 值（双尾）在 1% 水平上统计显著。

信毅学术文库

表 6-6　　源自股市过度投机的融资约束（外源性）与实体企业生产率

变量	TFP1			TFP2		
	SPEC1R	SPEC2R	SPEC3R	SPEC1R	SPEC2R	SPEC3R
$\widehat{CREDIT}$	9.7370*** (0.17154)	6.05318*** (0.09750)	5.07944*** (0.06566)	8.08071*** (0.08487)	4.36567*** (0.04803)	3.401567*** (0.03180)
LEV	-0.04668*** (0.00449)	-0.05188*** (0.00450)	-0.04586** (0.00445)	-0.00039 (0.00390)	-0.00466 (0.00419)	-0.00043 (0.00430)
SIZE	0.25399*** (0.00175)	0.27496*** (0.00171)	0.24877*** (0.00173)	0.14375*** (0.00157)	0.16257*** (0.00155)	0.14532*** (0.00155)
TANGIB	0.03047*** (0.00462)	0.02808*** (0.00463)	0.01656*** (0.00458)	-0.170544*** (0.00434)	-0.17304*** (0.00436)	-0.181191*** (0.00433)
EARN	0.67924*** (0.00614)	0.68895*** (0.00614)	0.67019*** (0.00609)	0.65218*** (0.00567)	0.66034*** (0.00569)	0.64745*** (0.00566)
GROWTH	-0.03930*** (0.00093)	-0.04504*** (0.00092)	-0.03765*** (0.00092)	-0.03035*** (0.00085)	-0.03556*** (0.00085)	-0.03074*** (0.00085)
AGE	0.002950*** (0.00022)	0.005283*** (0.00023)	0.00407*** (0.00022)	0.00527*** (0.00020)	0.00725*** (0.00021)	0.00641*** (0.00020)
常数项	5.6836*** (0.03576)	3.63318*** (0.01958)	3.74938*** (0.01940)	5.17045*** (0.03258)	3.32462*** (0.01797)	3.32675*** (0.01775)
HAUSMAN	9270.18	9808.78	15284.34	12613.32	13953.71	12538.07
Adj - R^2	0.2181	0.2011	0.2216	0.1730	0.1705	0.1753

注：TFP1 为工业总产值与员工人数比率的自然对数，TFP2 为全要素生产率（LP 法估算），SPEC1R 为省区市股市成交额与 GDP 比值 SPECU1 和省区市经济变量回归的残差，SPEC2R 为省区市股市成交额增长率 SPECU2 和省区市经济变量回归的残差，SPEC3R 为省区市股市成交额波幅 SPECU3 和省区市经济变量回归的残差，$\widehat{CREDIT}$ 为源自股市过度投机 SPEC1R、SPEC2R 和 SPEC3R 的外源性融资约束；所有回归均包含时间和个体效应以及行业虚拟变量，样本观测值数为 2135164；括号内的数值为异方差稳健标准误，*** 、** 分别表示 t 值（双尾）在 1%、5% 水平上统计显著。

6.5 稳健性检验

6.5.1 核心变量的替换

股市过度投机交易活跃度指标构建中保留经济基础面因素，但将其作为控制变量考察股市过度投机对实体经济的影响。具体实证结果如下：

表6-7提供了源自股市过度投机的融资约束与实体企业投入、产出及生产效率的回归估计结果。由表中结果可见，栏（1）至栏（6）中，源自股市过度投机的外源性融资约束和内源性融资约束的系数估计值 $\hat{\rho}_1$ 均在1%水平以上统计显著为正，表明股市过度投机造成实体企业的融资约束增大，进而导致实体企业生产要素投入、产出和生产率下降，并且源自股市过度投机的内源性融资约束对实体企业的负面影响大于外源性融资约束。这与表6-1至表6-6的结果完全一致，因此，股市过度投机与实体企业投入、产出及生产效率机制传导的结论依然稳健。

此外，研究还发现，保留经济基本面因素后，源自股市过度投机的内源性融资约束每上升1个百分点，实体企业固定资产比率、员工数增长率、工业产值比率、产品销售收入比率、单要素生产率和全要素生产率就分别下降0.62~1.36个、0.62~1.99个、4.91~11.93个、4.69~11.64个、2.08~3.58个和1.48~3.02个百分点；源自股市过度投机的外源性融资约束每上升1个百分点，实体企业固定资产比率、员工数增长率、工业产值比率、产品销售收入比率、单要素生产率和全要素生产率就分别下降0.61~0.94个、0.61~1.38个、4.58~8.26个、4.53~8.07个、1.49~2.52个和1.03~2.12个百分点。

表 6－7　源自股市过度投机的融资约束对实体企业投入、产出及生产效率的影响

源自股市过度投机的融资约束与实体企业生产要素投入						
变量	K			L		
	SPEC1R	SPEC2R	SPEC3R	SPEC1R	SPEC2R	SPEC3R
$\widehat{CREDIT}$	0. 88814 *** (0. 02101)	0. 613895 *** (0. 01040)	0. 94401 *** (0. 00989)	1. 02774 *** (0. 02683)	0. 61124 *** (0. 01307)	1. 38184 *** (0. 00832)
$\widehat{CASH}$	1. 26122 *** (0. 03608)	0. 62478 *** (0. 01127)	1. 36254 *** (0. 01486)	1. 45946 *** (0. 03914)	0. 62208 *** (0. 01350)	1. 99449 *** (0. 01207)
源自股市过度投机的融资约束与实体企业产出						
变量	INCOME			SALE		
	SPEC1R	SPEC2R	SPEC3R	SPEC1R	SPEC2R	SPEC3R
$\widehat{CREDIT}$	4. 58939 *** (0. 20890)	4. 82910 *** (0. 12025)	8. 26705 *** (0. 10183)	4. 53612 *** (0. 20526)	4. 61116 *** (0. 11836)	8. 07129 *** (0. 10006)
$\widehat{CASH}$	6. 51720 *** (0. 35908)	4. 91471 *** (0. 13051)	11. 93227 *** (0. 14959)	6. 44156 *** (0. 35354)	4. 69291 *** (0. 12882)	11. 64973 *** (0. 14708)
源自股市过度投机的融资约束与实体企业生产率						
变量	TFP1			TFP2		
	SPEC1R	SPEC2R	SPEC3R	SPEC1R	SPEC2R	SPEC3R
$\widehat{CREDIT}$	2. 52661 *** (0. 03037)	2. 05197 *** (0. 01553)	1. 49575 *** (0. 00925)	2. 12898 *** (0. 02674)	1. 62280 *** (0. 01473)	1. 03160 *** (0. 00847)
$\widehat{CASH}$	3. 58794 *** (0. 04534)	2. 08835 *** (0. 01651)	2. 15890 *** (0. 01422)	3. 02329 *** (0. 04144)	1. 65157 *** (0. 01576)	1. 48896 *** (0. 01322)

注：K 为固定资产与总资产比率，L 为员工人数的自然对数，INCOME 为工业总产值与总资产比率，SALE 为产品销售收入与总资产比率，TFP1 为工业总产值与员工人数比率的自然对数，TFP2 为全要素生产率（LP 法估算），SPEC1R 为省区市股市成交额与 GDP 比值 SPECU1 和省区市经济变量回归的残差，SPEC2R 为省区市股市成交额增长率 SPECU2 和省区市经济变量回归的残差，SPEC3R 为省区市股市成交额波幅 SPECU3 和省区市经济变量回归的残差，$\widehat{CREDIT}$为源自股市过度投机 SPEC1R、SPEC2R 和 SPEC3R 的外源性融资约束，$\widehat{CASH}$为源自股市过度投机 SPEC1R、SPEC2R 和 SPEC3R 的内源性融资约束；所有回归均包含时间和个体效应以及行业虚拟变量，样本观测值数为 2135164；括号内的数值为异方差稳健标准误，*** 表示 t 值（双尾）在 1% 水平上统计显著。

6.5.2 研究方法的替换

为使本书研究结论更加稳健，采用 GMM 方法对研究假设重新检验，具体实证结果如下：

表 6－8 提供了采用 GMM 方法源自股市过度投机的融资约束与实体企业投入、产出及生产效率的回归估计结果。由表中结果可见，模型中 AR（1）的 P 值小于 1%，AR（2）的 P 值大于 10%，Sargan 检验的 P 值大于 10%，表明模型中工具变量的选取是合理的，GMM 方法通过有效性检验；在栏（1）至栏（6）中，源自股市过度投机的外源性融资约束和内源性融资约束的系数估计值 $\hat{\rho}_1$ 均在 1% 水平以上统计显著为正，表明股市过度投机造成实体企业的融资约束增大，进而导致实体企业生产要素投入、产出和生产率下降，并且源自股市过度投机的内源性融资约束对实体企业的负面影响大于外源性融资约束。这与表 6－1 至表 6－6 的结果完全一致，因此，股市过度投机与实体企业投入、产出及生产效率机制传导的结论依然稳健。

此外，研究还发现，采用 GMM 方法和排除经济基本面因素后，源自股市过度投机的内源性融资约束每上升 1 个百分点，实体企业固定资产比率、员工数增长率、工业产值比率、产品销售收入比率、单要素生产率和全要素生产率就分别下降 1.44～4.73 个、1.03～1.60 个、6.52～23.24 个、15.36～48.05 个、1.40～6.91 个和 0.82～5.48 个百分点；源自股市过度投机的外源性融资约束每上升 1 个百分点，实体企业固定资产比率、员工数增长率、工业产值比率、产品销售收入比率、单要素生产率和全要素生产率就分别下降 1.07～3.44 个、1.04～1.60 个、11.69～35.58 个、11.33～34.96 个、1.19～5.03 个和 0.64～3.98 个百分点。

表 6－8　源自股市过度投机的融资约束对实体企业投入、产出及生产效率的影响

源自股市过度投机的融资约束与实体企业生产要素投入

变量	K			L		
	SPEC1R	SPEC2R	SPEC3R	SPEC1R	SPEC2R	SPEC3R
L. K	0. 71923 *** (0. 01443)	0. 71687 *** (0. 01445)	0. 71403 *** (0. 01446)			
L. L				0. 52466 *** (0. 00851)	0. 52252 *** (0. 00849)	0. 50761 *** (0. 00855)
$\widehat{CREDIT}$	3. 443812 *** (0. 05581)	1. 439143 *** (0. 01747)	1. 07885 *** (0. 01227)	1. 60108 *** (0. 06144)	1. 07536 *** (0. 01857)	1. 03528 *** (0. 00884)
AR(1)	0. 000	0. 000	0. 000	0. 000	0. 000	0. 000
AR(2)	0. 6794	0. 6837	0. 6746	0. 8446	0. 8475	0. 8423
Surgan	0. 999	0. 999	0. 999	0. 999	0. 999	0. 999
L. K	0. 69960 *** (0. 01375)	0. 69705 ** (0. 01405)	0. 69549 *** (0. 01377)			
L. L				0. 53861 *** (0. 00852)	0. 53517 *** (0. 00850)	0. 52355 *** (0. 00855)
$\widehat{CASH}$	4. 73362 *** (0. 07799)	2. 16127 *** (0. 02619)	1. 44421 *** (0. 01630)	2. 2007 *** (0. 08056)	1. 61496 *** (0. 02762)	1. 39449 *** (0. 01173)
AR(1)	0. 000	0. 000	0. 000	0. 000	0. 000	0. 000
AR(2)	0. 6930	0. 6946	0. 6888	0. 8748	0. 8755	0. 8747
Surgan	0. 999	0. 999	0. 999	0. 999	0. 999	0. 999

源自股市过度投机的融资约束与实体企业产出

变量	INCOME			SALE		
	SPEC1R	SPEC2R	SPEC3R	SPEC1R	SPEC2R	SPEC3R
L. INCOME	0. 69503 *** (0. 01449)	0. 69249 *** (0. 01446)	0. 69158 *** (0. 01445)			
L. SALE				0. 68961 *** (0. 01478)	0. 68704 *** (0. 01475)	0. 68616 *** (0. 01474)
$\widehat{CREDIT}$	35. 57504 *** (0. 57865)	15. 47759 *** (0. 19982)	11. 68729 *** (0. 12273)	34. 95516 *** (0. 57052)	14. 96866 *** (0. 19764)	11. 32762 *** (0. 11995)

续表

源自股市过度投机的融资约束与实体企业产出						
变量	INCOME			SALE		
	SPEC1R	SPEC2R	SPEC3R	SPEC1R	SPEC2R	SPEC3R
AR(1)	0.00	0.00	0.00	0.00	0.00	0.00
AR(2)	0.7246	0.7308	0.7163	0.7209	0.7272	0.7128
Surgan	0.999	0.999	0.999	0.999	0.999	0.999
L. INCOME	0.67762*** (0.01386)	0.67420*** (0.01381)	0.67511*** (0.01380)			
L. SALE				0.67246*** (0.01411)	0.66904*** (0.01406)	0.66996*** (0.01405)
$\widehat{CASH}$	6.51720*** (0.11777)	23.24396*** (0.28276)	15.63087*** (0.15387)	48.04698*** (0.87502)	22.47966*** (0.26896)	15.3642*** (0.15241)
AR(1)	0.000	0.000	0.000	0.000	0.000	0.000
AR(2)	0.7459	0.7493	0.7412	0.7430	0.7464	0.7384
Surgan	0.999	0.999	0.999	0.999	0.999	0.999

源自股市过度投机的融资约束与实体企业生产率						
变量	TFP1			TFP2		
	SPEC1R	SPEC2R	SPEC3R	SPEC1R	SPEC2R	SPEC3R
L. TFP1	0.42744*** (0.00506)	0.42907*** (0.00505)	0.42057*** (0.00508)			
L. TFP2				0.42909*** (0.00514)	0..43136*** (0.00513)	0.42739*** (0.00516)
$\widehat{CREDIT}$	5.02723*** (0.07323)	2.06877*** (0.02282)	1.18981*** (0.01097)	3.98431*** (0.06793)	1.47423*** (0.02167)	0.64786*** (0.00950)
AR(1)	0.00	0.00	0.00	0.00	0.00	0.00
AR(2)	0.7650	0.7576	0.7738	0.7709	0.7599	0.7726
Surgan	0.999	0.999	0.999	0.999	0.999	0.999
L. TFP1	0.40170*** (0.00478)	0.40473*** (0.00477)	0.39684*** (0.00480)			
L. TFP2				0.37298*** (0.00469)	0.37618*** (0.00468)	0.37152*** (0.00470)

续表

源自股市过度投机的融资约束与实体企业生产率						
变量	TFP1			TFP2		
	SPEC1R	SPEC2R	SPEC3R	SPEC1R	SPEC2R	SPEC3R
$\widehat{CASH}$	6.91008*** (0.10432)	3.10684*** (0.03426)	1.40457** (0.01396)	5.47655*** (0.08241)	2.21397*** (0.02983)	0.82862*** (0.01026)
AR(1)	0.000	0.000	0.000	0.000	0.000	0.000
AR(2)	0.7620	0.7580	0.7710	0.7654	0.7622	0.7672
Surgan	0.999	0.999	0.999	0.999	0.999	0.999

注：K 为固定资产与总资产比率，L 为员工人数的自然对数，INCOME 为工业总产值与总资产比率，SALE 为产品销售收入与总资产比率，TFP1 为工业总产值与员工人数比率的自然对数，TFP2 为全要素生产率（LP 法估算），SPEC1R 为省区市股市成交额与 GDP 比值 SPECU1 和省区市经济变量回归的残差，SPEC2R 为省区市股市成交额增长率 SPECU2 和省区市经济变量回归的残差，SPEC3R 为省区市股市成交额波幅 SPECU3 和省区市经济变量回归的残差，$\widehat{CREDIT}$为源自股市过度投机 SPEC1R、SPEC2R 和 SPEC3R 的外源性融资约束，$\widehat{CASH}$为源自股市过度投机 SPEC1R、SPEC2R 和 SPEC3R 的内源性融资约束；所有回归均包含控制变量以及行业虚拟变量，样本观测值数为 2135164；括号内的数值为异方差稳健标准误，***、** 分别表示 t 值（双尾）在 1%、5% 水平上统计显著。

6.6 本章小结

本章承接第 5 章内容，重点探讨了股市过度投机对实体经济的具体作用机制，主要分析股市过度投机对实体企业生产要素投入、产出以及生产率的机制传导，研究发现：（1）股市过度投机造成实体企业的融资约束增大，进而导致企业生产要素投入、产出和生产率下降；（2）源自股市过度投机的内源性融资约束对实体企业生产要素投入的负面影响大于外源性融资约束。使用保留经济基本面的股市交易活跃度衡量股市过度投机程度，同时采用 GMM 方法再次回归分析后，以上研究结论依然没有改变。

第7章　研究结论、政策建议和研究展望

7.1　研究结论

目前我国处于经济结构转型的关键时期，金融领域的各项改革逐步深化，如利率和汇率市场化进程明显加快，互联网金融和移动金融等新业态也迎来爆发式发展，而股票市场作为虚拟经济的重要载体，却仍然严重背离了实体经济发展。在此背景下，如何对证券市场的规模、结构、技术和产品进行不断创新、加强监管、抑制泡沫并防范过度投机，从而增强股市服务实体经济的能力已成为金融学迫切需要关注和研究的重要课题之一。

本书使用1998～2013年国家统计局工业企业调查数据，通过排除经济基本面因素之后省区市的股市成交额与GDP比值、成交额增长率及成交额波幅三个指标衡量股市过度投机程度，首次从中观结合微观的视角考察股市过度投机对实体企业融资约束、生产要素投入、生产产出以及生产率的影响，同时分析股市过度投机与融资约束、生产要素投入、生产产出以及生产率间的关系，以厘清股市过度投机对实体企业影响的具体作用机制。

本书首先检验股市过度投机是否影响实体企业融资约束、生产要素投入、生产产出以及生产率，并按资产规模大小将实体企业分为大企业、中小企业，产权性质将企业分为内资企业、外资企业考察不同规模和产权性质对股市过度投机与实体企业关系的影响，研究发现：（1）省区市的股市过度投机交易活跃度越高，当地实体企业的融资约束越高，而生产要素投入、生产产出和生产率越低；（2）省区市的股市过度投机交易活跃度对中

小型实体企业融资约束、生产要素投入以及产出和生产效率的负面影响高于大型实体企业；（3）省区市的股市过度投机交易活跃度对内资实体企业融资约束、生产要素投入以及产出和生产效率的负面影响高于外资实体企业；通过GMM方法再次回归分析和采用未剔除经济基本面因素的省区市股市成交额与GDP比值、成交额增长率及成交额波幅三个指标衡量股市过度投机程度并将经济基本面因素作为模型控制变量，以上研究结论依然成立。

其次，本书重点探讨了股市过度投机对实体企业影响的具体作用机制，主要分析股市过度投机对实体企业生产要素投入、产出以及生产率影响的机制传导，研究发现：（1）股市过度投机造成实体企业的融资约束增大，进而导致实体企业生产要素投入、产出和生产率下降；（2）源自股市过度投机的内源性融资约束对实体企业生产要素投入的负面影响大于外源性融资约束。使用未剔除经济基本面因素的省区市股市成交额与GDP比值、成交额增长率及成交额波幅三个指标衡量股市过度投机程度，但将经济基本面因素作为模型控制变量，同时采用GMM方法再次回归分析后，以上研究结论依然稳健。

7.2 政策建议

本书的研究结论具有以下四个方面的政策含义：

第一，鉴于进入股市的资金无法切实发挥支持实体经济的作用，因此国家应继续深化有关证券市场的基础制度改革，如积极稳妥推进股票发行制度由核准制转为注册制、不断完善上市公司退市制度和再融资政策以及全方位建立起投资者保护制度和股东诉讼赔偿机制，通过“宽进”和“严格事中事后管理”的双向措施，吸引更多更好的“独角兽”公司上市，为认真发展实业和技术的企业拓宽融资渠道、降低融资成本及营造良好的投融资环境，同时，抑制利益输送，严惩企业造假，才能打破国家为股市提供的隐形担保，扭转投机心态，从而实现市场化的优胜劣汰、提高资源配置效率并增强股市服务实体经济的能力。

第二，鉴于股市过度投机对大量实体企业的融资机会和生产能力造成显著的负面影响，而目前沪、深股市仍属散户主导型市场且金融机构与散户均有频繁交易和投机强的特征，某些资本大鳄甚至目无法纪，肆意挑战法律底线，通过操纵股价和内幕交易等手段牟取不义之财，因此监管机构应推进“刨根问底”式实质性信息披露制度，强化稽核执法工作，对扰乱市场秩序的机构和个人坚决绳之以法，同时，支持新闻媒体加强对价值投资理念的宣传工作，如开展类似“读案例、明规则、识风险”的专项投资者教育活动，倡导理性投资，培育良好的股市文化，提高投资者对信息的分析处理能力，引导市场走向价值投资、稳健投资或中长期投资的道路，从源头上抑制一味追逐热点、追逐政策和追逐暴利的短期投机。

第三，鉴于股市过度投机对中小实体型企业融资约束和投入产出的影响高于大企业，因此国家应深化金融体制改革，特别是发展本地化的中小金融机构、推进民间信用体系建设并构建多层次的资本市场。大量研究表明，资本市场主导的经济体比商业银行主导的经济体通常更有活力，一个强大的资本市场不仅是我国经济转型的需要，也是激发全社会企业家能力与国家创新能力的需要。然而长期以来，我国实施以商业银行为主导的金融制度，大银行掌控了绝大部分信贷资源，导致抵押文化盛行，信用贷款落后，无数缺乏硬资产的中小企业和新兴产业融资困难，因此国家应继续推进资本市场的结构性改革，在大力发展债券市场、期货市场和股票主板市场的同时，加强中小板、创业板和新三板的建设，规范私募股权投资，让越来越多具有发展潜力与创新能力的中小微企业通过资本市场直接融资，做大做强，同时，注重发展业务本地化的中小金融机构，加速构建征信约束机制，以满足更多中小企业的贷款需求，缓解信贷资金流入股市对中小企业融资可得性的负面冲击。

第四，鉴于股市过度投机对内资实体企业融资约束和投入产出的影响高于外资实体企业，因此国家应重新审视有关外资企业的优惠政策，如进一步规范外资企业在国内融资享受的超国民待遇，处理好继续有效利用外资和保护国内企业自主品牌的关系，防止外资企业挤走大量内资实体企业的信贷资金。大量研究表明，外资企业的超国民待遇与中国当前的地方政府绩效考核体系密切相关，因此，中央政府应调整地方官员的考核机制，鼓励不同地区官员在经济上合作，从国家整体利益出发，降低省际间的融资壁垒，促进国内市场融合，增强国内企业抵御风险的能力，防止不同地区为争夺外资企业，给予其各种优惠条件，进而损害内资企业的行为，同时，鼓励内、外资企业合作经营，支持有条件的内资企业利用国外金融市场“走出去”融资，增强内资企业化解外部风险的能力。

7.3 研究展望

本书使用国家统计局工业企业调查数据，通过构建股市投机活跃度指标，首次从中观结合微观的视角考察股市投机对实体经济的影响，但由于可获得数据的限制和个人研究能力不足，本书仍存在一定的缺陷，因而在后续研究中，将对本书存在的不足之处进一步完善。

（1）尽管学者们对股市与经济增长的关系进行深入探讨后已取得丰硕成果，但已有文献主要集中在股市发展与经济增长的关系，关于股市投机与实体经济的研究主要停留在理论层面，相关研究明显不足，这使本书的理论支撑显得捉襟见肘，此外，实证层面的研究主要集中在上市企业上，尚未涉及大量堪称“实体经济细胞”的非上市企业，因而可以借鉴的研究并不多。本书在后续的研究中，待相关理论和实证研究完善后，针对本书可能存在的问题和不足，将做进一步补充和修订。

（2）本书使用实体经济微观数据来源国家统计局工业企业调查数据，对于该数据库，尽管包含全部国有企业以及年收入超过500万元的民营企业，但还是有大量的民营企业未被包含在内，这可能使实证结果产生一定偏误。此外，目前能够获得该数据的最近年限仅到2013年，这并不能反映实体企业的最新状态。因此，在未来研究中，一方面，应寻找能替代该工业企业调查数据的其他类似数据；另一方面，待该数据更新后，扩展研究样本区间，进一步探究股市投机与实体企业的关系。

（3）本书主要从股市资金成交额的变化构建股市过度投机交易活跃度，已有文献关于股市投机程度还有从股价变化、投资者情绪等衡量，而现阶段中观层面该类缺失，因此，在后续的研究中，待相关数据完善后，本书将从其他角度构建股市投机交易活跃度指标，再次检验股市投机与实体经济的关系，并分析可能产生差异的原因。

（4）本书对在实体企业指标上采用融资约束、生产要素投入、生产产出以及生产效率，这四个指标虽然能够在一定程度上反映实体企业的发展状况，但并不能完全代表实体企业的发展状况，如企业盈利能力、成长性、市场竞争力等，因此，在后续的研究中将进一步探讨股市投机对实体企业的盈利能力、成长、市场竞争力等的影响。

（5）本书按企业规模和产权性质考察了股市投机对不同企业的影响，但是股市投机与实体企业的关系还可能受到其他内部外环境的影响，例如，企业是否属于国有企业、企业所处成长阶段等内部环境以及企业所在的市场化程度、经济水平、地方政府行为等外部环境均可能对其产生影响，因此，在后续的研究中，本书有必要进一步探讨其他内、外部环境指标可能的作用效应。

参考文献

[1] 曹栋．股票市场泡沫的存在性——基于分数次积分方法的研究［J］．社会科学家，2011（2）：55－59.

[2] 曹源芳．我国实体经济与虚拟经济的背离关系——基于1998～2008年数据的实证研究［J］．经济社会体制比较，2008（6）：57－62.

[3] 陈刚，李树，刘樱．银行信贷、股市融资与中国全要素生产率动态［J］．经济评论，2009（6）：47－56，66.

[4] 陈林．中国工业企业数据库的使用问题再探［J］．经济评论，2018（6）：140－153.

[5] 陈建华．防范股市过度投机的“创设影子股票”制度设计［J］．经济体制改革，2009（3）：162－166.

[6] 陈健，龚晓莺．新时代实体经济与虚拟经济协调发展研究［J］．经济问题探索，2018（3）：178－184.

[7] 陈彦斌，陈小亮，陈伟泽．利率管制与总需求结构失衡［J］．经济研究，2014（2）：18－31.

[8] 成思危．虚拟经济理论与实践［M］．天津：南开大学出版社，2003.

[9] 成思危．虚拟经济的基本理论及研究方法［J］．管理评论，2005（1）：3－8.

[10] 崔畅，刘金全．我国股市投机泡沫分析——基于非线性协调整关系的实证检验．财经科学，2006（11）：24－30.

[11] 戴维·皮尔斯．现代经济学词典［M］．上海：上海译文出版社，1988.

[12] 戴严科，林曙．利率波动、融资约束与存货投资——来自中国

制造业企业的证据［J］. 金融研究，2017（4）：95－111.

［13］董俊华. 虚拟经济与实体经济——基于中国股票与房地产市场的实证研究［J］. 福州大学学报（哲学社会科学版），2013，27（3）：40－47，51.

［14］董香书，肖翔. “振兴东北老工业基地”有利于产值还是利润？——来自中国工业企业数据的证据［J］. 管理世界，2017（7）：24－34，187－188.

［15］范学俊. 金融体系与经济增长：来自中国的实证检验［J］. 金融研究，2006（3）：57－66.

［16］范言慧，席丹，郑建明，齐斯源. 股票市场发展、实际汇率与中国制造业出口［J］. 国际金融研究，2015（12）：65－74.

［17］冯根福，石军，韩丹. 股票市场、融资模式与产业结构升级——基于中国A股市场的经验证据［J］. 当代经济科学，2009，31（3）：21－29，124－125.

［18］冯根福，刘虹，冯照桢，温军. 股票流动性会促进我国企业技术创新吗？［J］. 金融研究，2017（3）：192－206.

［19］冯锐，周翔. 司法干预是如何引发股市“过度投机”的？——基于投资者理性预期的实证研究［J］. 南方经济，2014（4）：80－93.

［20］高辉. 金融中介、股票市场与经济增长：基于联立方程模型的实证分析［J］. 上海经济研究，2011（2）：11－19.

［21］高莉，樊卫东. 中国股市资金流向对宏观经济的影响［J］. 管理世界，2002（2）：10－18，153.

［22］葛鹏，干春晖，李思龙. 融资约束与产出效率损失——基于中国工业企业的数据分析［J］. 产业经济研究，2017（1）：37－48.

［23］格林沃尔德. 现代经济词典［M］. 北京：商务印书馆，1981.

［24］宫玉松. 中国股市泡沫的成因与对策［J］. 审计与经济研究，2017（5）：119－127.

［25］郭丽虹，张祥建，徐龙炳. 社会融资规模和融资结构对实体经济的影响研究［J］. 国际金融研究，2014（6）：66－74.

［26］何德旭. 商业银行制度与投资基金制度：一个比较分析框架［J］. 经济研究，2002（9）：39－48，93.

[27] 何光辉，杨咸月．融资约束对企业生产率的影响——基于系统GMM方法的国企与民企差异检验 [J]. 数量经济技术经济研究，2012 (5)：19 – 35.

[28] 何玉长．善待生产性劳动和优先实体经济 [J]. 学术月刊，2016，48 (9)：73 – 83.

[29] 何启志，彭明生．互联网金融、股票市场与中小企业发展 [J]. 财政研究，2017 (9)：88 – 101.

[30] 何宜庆，王浣尘．虚拟经济对我国二元实体经济影响的实证分析 [J]. 中国软科学，2004 (1)：53 – 56.

[31] 胡聪慧，张勇，高明．价格时滞、投机性需求与股票收益 [J]. 管理世界，2016 (1)：44 – 53，187.

[32] 胡永刚，郭长林．股票财富、信号传递与中国城镇居民消费 [J]. 经济研究，2012 (3)：115 – 126.

[33] 黄长征．投机经济学 [M]. 北京：中国社会科学出版社，2003.

[34] 金碚．牢牢把握发展实体经济这一坚实基础 [J]. 求是，2012 (7)：24 – 26.

[35] 鞠晓生，卢荻，黄朝峰，管瑞龙．正规金融体系改革、内部资金乘数效应与中国企业总资产增长——以 1994 ~ 2011 年中国上市公司数据为例 [J]. 经济学（季刊），2015，14 (2)：507 – 534.

[36] 孔杰，欧大军．虚拟经济与实体经济的相互关系及政策选择 [J]. 求索，2004 (12)：31 – 32.

[37] 林爱华，梁新潮．我国股市过度投机现象的分析及对策 [J]. 东南学术，2008 (5)：28 – 33.

[38] 林毅夫，李永军．中小金融机构发展与中小企业融资 [J]. 经济研究，2001 (1)：10 – 18，53 – 93.

[39] 林毅夫，章奇，刘明兴．金融结构与经济增长：以制造业为例 [J]. 世界经济，2003 (1)：3 – 21，80.

[40] 黎超，胡宗义，施淑蓉．基于股市投资者情绪的非理性投机泡沫模型研究 [J]. 财经理论与实践，2018，39 (5)：51 – 57.

[41] 李海奇，刘敬，黄彩云．基于时变系数模型的中国股市投机动态行为研究 [J]. 金融理论与实践，2017 (8)：81 – 136.

[42] 李广众．银行、股票市场与长期经济增长：中国的经验研究与国际比较 [J]．世界经济，2002 (9)：57－62.

[43] 李浩．中国非理性股市的形成原因探析 [J]．财经科学，2014 (12)：29－301.

[44] 李晓西，杨琳．虚拟经济、泡沫经济与实体经济 [J]．财贸经济，2000 (6)：5－11.

[45] 刘昌黎．关于虚拟经济的理论思考 [J]．经济学动态，2009 (11)：33－37.

[46] 刘维刚，张丽娜．论实体经济、虚拟经济与泡沫经济及对我国的启示 [J]．经济纵横，2006 (5)：12－14.

[47] 刘威，杜雪利，李炳．金融发展对中国出口复杂度的影响渠道研究 [J]．国际金融研究，2018 (2)：87－96.

[48] 刘骏民．从虚拟资本到虚拟经济 [M]．济南：山东人民出版社，1998.

[49] 刘骏民，伍超明．虚拟经济与实体经济关系模型——对我国当前股市与实体经济关系的一种解释 [J]．经济研究，2004 (4)：60－69.

[50] 刘勇．我国股票市场和宏观经济变量关系的经验研究 [J]．财贸经济，2004 (4)：21－27.

[51] 吕江林，曾鹏．我国股市"投机主导"性质研究 [J]．统计与决策，2012 (12)：157－160.

[52] 罗良清，龚颖安．虚拟经济的本质及影响实体经济的机理 [J]．江西财经大学学报，2009 (2)：5－9.

[53] 罗来军，蒋承，王亚章．融资歧视、市场扭曲与利润迷失——兼议虚拟经济对实体经济的影响 [J]．经济研究，2016 (4)：74－88.

[54] 罗美娟．关于股票市场与经济增长关系的争论 [J]．经济学动态，2001 (6)：67－70.

[55] 罗文波，吴洁，王璐．股票市场发展、不同渠道融资与经济增长：溢出或挤出？[J]．经济管理，2011，33 (4)：136－143.

[56] 马红，王元月，刘丹丹．虚拟经济发展、虚拟经济与实体经济的协调发展对企业投资行为的影响研究 [J]．中国管理科学，2016，24 (S1)：431－438.

[57] 马洪朝. 中国股市投机的实证研究 [J]. 金融研究, 2001 (3): 1-9.

[58] 马克思资本论 (第3卷) [M]. 北京: 人民出版社, 1975.

[59] 马丽. 中国股票市场羊群效应实证分析 [J]. 南开经济研究, 2016 (1): 144-153.

[60] 马述忠, 张洪胜, 王笑笑. 融资约束与全球价值链地位提升——来自中国加工贸易企业的理论与证据 [J]. 中国社会科学, 2017 (1): 83-107, 206.

[61] 孟庆福. 股票市场过度投机的综合评价研究 [J]. 吉林大学社会科学学报, 2003 (1): 106-110.

[62] 聂辉华, 江艇, 杨汝岱. 中国工业企业数据库的使用现状和潜在问题 [J]. 世界经济, 2012, 35 (5): 142-158.

[63] 潘妍妍. 对虚拟经济与实体经济关系的重新认识 [J]. 经济师, 2008 (1): 72-74.

[64] 邵敏, 包群, 叶宁华. 信贷融资约束对员工收入的影响——来自我国企业微观层面的经验证据 [J]. 经济学 (季刊), 2013, 12 (3).

[65] 沈磊. 对金融创新的思考——虚拟诚可贵, 实体价更高 [J]. 思想战线, 2011 (12): 121-123.

[66] 舒展, 程建华. 我国实体经济“脱实向虚”现象解析及应对策略 [J]. 贵州社会科学, 2017 (8): 103-109.

[67] 宋清华. 我国商业银行与资本市场的资金互动性分析 [J]. 金融研究, 2002 (5): 74-80.

[68] 苏冬蔚, 熊家财. 股票流动性、股价信息含量与 CEO 薪酬契约 [J]. 经济研究, 2013 (11): 56-70.

[69] 苏治, 方彤, 尹力博. 中国虚拟经济与实体经济的关联性——基于规模和周期视角的实证研究 [J]. 中国社会科学, 2017 (8): 87-109, 205-206.

[70] 孙霄翀, 高峰, 马菁蕴, 崔文迁. 上证综指脱离中国经济吗? ——兼论如何改进上证综指 [J]. 金融研究, 2007 (9): 173-183.

[71] 石广平, 刘晓星, 姚登宝, 张旭. 过度自信、市场流动性与投机泡沫 [J]. 管理工程学报, 2018 (3): 63-72.

[72] 谭洪涛，蔡利，蔡春．公允价值与股市过度反应——来自中国证券市场的经验证据［J］．经济研究，2011（7）：130－143.

[73] 谭语嫣，谭之博，黄益平，胡永泰．僵尸企业的投资挤出效应：基于中国工业企业的证据［J］．经济研究，2017（5）：175－188.

[74] 谈儒勇．中国金融发展和经济增长关系的实证研究［J］．经济研究，1999（10）：53－61.

[75] 田晖，陈巧，刘爱东．融资约束、全要素生产率与反倾销涉案企业出口绩效——来自中国2001～2016年的经验证据［J］．现代财经（天津财经大学学报），2018，38（4）：30－47.

[76] 王爱俭．虚拟经济与实体经济的关系研究［J］．现代财经，2003（1）：8－11.

[77] 王爱俭，陈杰．中国虚拟经济规模适度性研究——基于资本市场效率视角的分析［J］．财贸经济，2006（8）：16－20，96.

[78] 王爱俭，林楠．虚拟经济与实体经济视角下的人民币汇率研究［J］．金融研究，2010（3）：98－111.

[79] 王国忠，王群勇．经济虚拟化与虚拟经济的独立性特征研究——虚拟经济与实体经济关系的动态化过程［J］．当代财经，2005（3）：5－10.

[80] 王国刚．关于虚拟经济的几个问题［J］．东南学术，2004（1）：53－59.

[81] 王义中，陈丽芳，宋敏．中国信贷供给周期的实际效果：基于公司层面的经验证据［J］．经济研究，2015（1）：52－66.

[82] 文春晖，任国良．虚拟经济与实体经济分离发展研究——来自中国上市公司2006～2013年的证据［J］．中国工业经济，2015（12）：115－129.

[83] 吴晓求．实体经济与资产价格变动的相关性分析［J］．中国社会科学，2006（6）：55－64，204.

[84] 希法亭．鲁道夫．金融资本［M］．重庆：重庆出版社，2008.

[85] 项松林，魏浩．流动性约束对企业生产率的影响［J］．统计研究，2014，31（3）：27－36.

[86] 肖兰华，金雪军．抵押品缺失与农村中小企业信贷融资的逆向

选择［J］．财贸经济，2010（8）：19－25.

［87］谢识予．股市投机的群体行为博弈和系统科学分析［J］．数量经济技术经济研究，2002（7）：69－72.

［88］徐小君．公司特质风险与股票收益——中国股市投机行为研究［J］．经济管理，2010（12）：127－136.

［89］姚禄仕，吴宁宁．基于LSV模型的机构与个人羊群行为研究［J］．中国管理科学，2018（7）：55－62.

［90］阎敏，黄红军．中国股市投机性分析［J］．经济经纬，2005（5）：142－144.

［91］杨继国．论虚拟经济的特殊"供求规律"［J］．厦门大学学报（哲学社会科学版），2013（6）：106－114.

［92］杨昀．股票市场有效性及其与实体经济关系的实证研究［J］．财经理论与实践，2013，34（3）：64－67.

［93］杨筝，刘放，王红建．企业交易性金融资产配置：资金储备还是投机行为？［J］．管理评论，2017，29（2）：13－25，34.

［94］叶青，易丹辉．中国证券市场风险分析基本框架的研究［J］．金融研究，2000（6）：65－70.

［95］殷醒民，谢洁．中国股票市场与经济增长关系的实证研究［J］．复旦学报（社会科学版），2001（4）：96－102.

［96］余湄，皮道羿，周荣喜．基于方差分解法的中国股市泡沫检验问题研究［J］．经济与管理，2013（11）：40－45

［97］余子良，佟家栋．所有制、出口行为与企业融资约束［J］．世界经济，2016，39（3）：26－48.

［98］游向前，陈文梅．我国股市投机性泡沫生成机理探析［J］．财政研究．2002（6）：62－64.

［99］约翰·伊特韦尔，默里·米尔盖特，彼得·纽曼．新帕尔格雷夫经济学大辞典（第二卷）［M］．北京：经济科学出版社，1996.

［100］约翰·梅纳德·凯恩斯．就业利息和货币通论［M］．北京：中国社会科学出版社，2009.

［101］约翰·布莱克．牛津经济学词典［M］．上海：上海外语教育出版社，2000.

[102] 曾亚敏，张俊生．外资企业在中国信贷市场中的境遇 [J]．会计研究，2016 (2)：29－35.

[103] 张成思，张步昙．中国实业投资率下降之谜：经济金融化视角 [J]．经济研究，2016，51 (12)：32－46.

[104] 张杰，郑文平，翟福昕．融资约束影响企业资本劳动比吗？——中国的经验证据 [J]．经济学（季刊），2016，15 (3)：1029－1056.

[105] 张前程．虚拟经济对实体经济的非线性影响："相生"抑或"相克" [J]．上海经济研究，2018 (7)：86－97.

[106] 张屹山，郑蕾芸．论中国证券市场的投机与泡沫 [J]．财贸经济，2001 (10)：56－59.

[107] 赵鹏，曾剑云．我国股市周期性破灭型投机泡沫实证研究——基于马尔可夫区制转换方法 [J]．金融研究，2008 (4)：174－187.

[108] 赵守国．我国股市的过度投机行为及其治理对策 [J]．经济学动态，2008 (8)：62－66.

[109] 周亚虹，贺小丹，沈瑶．中国工业企业自主创新的影响因素和产出绩效研究 [J]．经济研究，2012，47 (5)：107－119.

[110] 周莹莹，刘传哲．我国虚拟经济与实体经济的联动效应——基于资本市场、金融衍生品市场与实体经济数据的实证研究 [J]．山西财经大学学报，2011，33 (5)：10－19.

[111] 周莹莹，刘传哲．我国虚拟经济发展对实体经济投资扩张效应影响研究 [J]．山西财经大学学报，2014，36 (3)：21－32.

[112] 郑江淮，袁国良，胡志乾．中国转型期股票市场发展与经济增长关系的实证研究 [J]．管理世界，2000 (6)：15－24.

[113] 郑尚植，王怡颖．去杠杆背景下实体经济与虚拟经济的协调发展研究——基于2003～2015年东北地区34个地级市面板数据的实证分析 [J]．当代经济管理，2017，39 (11)：65－70.

[114] 朱鸿鸣，赵昌文．"攫取性"金融体系及其危害——一个基于金融竞合观的分析框架 [J]．经济体制改革，2015 (3)：149－154.

[115] Abreu D，Brunnermeier M K. Bubbles and Crashes [J]. Econometrica，2003，71 (1)：173－204.

[116] Aghion P，Angeletos G M，Banerjee A，et al. Volatility and

growth: Credit constraints and the composition of investment [J]. Journal of Monetary Economics, 2010, 57 (3): 246 -265.

[117] Alajekwu U B, Achugbu A A. The Role of Stock Market Development on Economic Growth in Nigeria: A Time Series Analysis [J]. African Research Review, 2011, 5 (1): 213 -230.

[118] Allen F, Gale D. Bubbles and Crises [J]. Economic Journal, 2010, 110 (460): 236 -255.

[119] Ake Boubakari. The Role of Stock Market Development in Economic Growth: Evidence from Some Euronext Countries [J]. *International Journal of Financial Research*. 2010, 1 (1): 14 -20.

[120] Arcand J L, Berkes E, Panizza U. Finance and Economic Development in a Model with Credit Rationing [J]. Iheid Working Papers, 2013: 67 -80.

[121] Arestis, P., Demetriades, P. O., Luintel, K. B. Financial development and economic growth: The role of stock markets, *Journal of Money Credit & Banking*, 2001, 33 (1), 16 -41.

[122] Baud C, Durand C. Financialization, globalization and the making of profits by leading retailers [J]. Post - Print, 2012, 10 (2): 241 -266.

[123] Barlevy G. Economic theory and asset bubbles [J]. Economic Perspectives, 2007, 31 (3): 44 -59.

[124] Bernanke B, Gertler M. Agency Costs, Net Worth, and Business Fluctuations [J]. American Economic Review, 1989, 79 (1): 14 -31.

[125] Bester H. Screening vs. Rationing in Credit Markets with Imperfect Information [J]. American Economic Review, 1985, 75 (4): 850 -855.

[126] Bhide A. The hidden costs of stock market liquidity [J]. Journal of Financial Economics, 1993, 34 (1): 31 -51.

[127] Black F. Noise [J]. Journal of Finance, 1986, 41 (3): 529 - 543.

[128] Blanchard O J. Debt, Deficits and Finite Horizons [J]. Journal of Political Economy, 1985, 93 (2): 223 -247.

[129] Bleck A, Liu X. Credit Expansion and Credit Misallocation [J].

Journal of Monetary Economics, 2017: 27 -40.

[130] Bolton P, Scharfstein D. A theory of predation based on agency problems in financial contracting [J]. American Economic Review, 1990, 80 (1): 93 -106.

[131] Bordo M D. An Historical Perspective on the Crisis of 2007 ~ 2008 [J]. NEBR Working Paper, 14569. 2008

[132] Brad M. Barber and Terrance Odean. Boys Will Be Boys: Gender, Overconfidence, and Common Stock Investment. [J]. The Quarterly Journal of Economics, 2001, 1 (16): 262 -292.

[133] Burdekin R C K, Redfern L. Sentiment effects on Chinese share prices and savings deposits: The post -2003 experience [J]. China Economic Review, 2009, 20 (2): 0 -261.

[134] Caballero R J, Krishnamurthy A. Bubbles and capital flow volatility: Causes and risk management [J]. Social Science Electronic Publishing, 2006, 53 (1): 35 -53.

[135] Caggese A, Vicente Cuñat. Financing constraints, firm dynamics, export decisions, and aggregate productivity [J]. Review of Economic Dynamics, 2013, 16 (1): 177 -193.

[136] Cai H, Liu Q. Competition and Corporate Tax Avoidance: Evidence from Chinese Industrial Firms [J]. Economic Journal, 2009, 119 (537): 764 -795.

[137] Cochrane J H. The Risk and Return of Venture Capital [J]. Social Science Electronic Publishing, 2005, 75 (1): 3 -52.

[138] Deidda L G, Fattouh B. Nonlinearity between finance and growth [J]. Economics Letters, 2002, 74 (3): 339 -345.

[139] De Long J B., Shleifer A., Summers L., Waldmann R. Noise Trader Risk in Financial Markets [J]. Journal of Political Economy, 1990, 98 (4): 703 -738.

[140] Enisan A A, Olufisayo A O. Stock market development and economic growth: Evidence from seven sub Sahara African countries [J]. Journal of Economics and Business, 2009, 61 (2): 162 -171.

[141] Fama E F, Stock Returns, Real Activity, Inflation and Money [J]. American Economic Review, 1981, 71 (4): 545 -565.

[142] Fama E F. Market efficiency, longterm returns, and behavioral finance1. [J]. Crsp Working Papers, 1998, 49 (3): 283 -306.

[143] Fang X, Jiang Y. The Promoting Effect of Financial Development on Economic Growth: Evidence from China [J]. Emerging Markets Finance and Trade, 2014, 50 (s1): 34 -50.

[144] FANTESSI Amavi Agbélénko. Stock Market Development and Long - Run Economic growth in Africa [J]. International Journal of Research in Finance and Marketing, 2016, 6 (8), 19 -30.

[145] Farhi E, Tirole J. , Bubbly Liquidity [J]. review of Economic Studies, 2012, 79 (2): 678 -706.

[146] Farmer K, Schelnast M. Economic Growth With Bubbles [J]. American Economic Review, 2012, 102 (6): 3033 -3058.

[147] Fazzari S M, Hubbard R G, Petersen B C, et al. Financing Constraints and Corporate Investment [J]. Brookings Papers on Economic Activity, 1988, 1988 (1): 141 -206.

[148] Goldsmith, R, W. Financial Structure and Economic Development [M]. New Haven: Yale University Press, 1969.

[149] Gomes J F. Financing Investment [J]. American Economic Review, 2001, 91 (5): 1263 -1285.

[150] Harris, R. Stock markets and development: A reassessment [J]. European Economic Review, 1997, 41 (1): 139 -146.

[151] Hau H, Lai S. Real Effects of Stock Underpricing [J]. Social Science Electronic Publishing, 2013, 108 (2): 392 -408.

[152] Hirshleifer D A, Teoh S H. Herd Behaviour and Cascading in Capital Markets: A Review and Synthesis [J]. European Financial Management, 2003, 9 (1): 25 -66.

[153] H J Seo, H S Kim, T C Kim. , Financialization and the Slowdown in Korean Firm's R&D Investment [J]. Asian Economic Papers, 2012, 11 (3): 35 -49.

[154] Holmström B, Tirole J. Market Liquidity and Performance Monitoring [J]. Journal of Political Economy, 1993, 101 (4): 678 –709.

[155] Holmstrom B, Tirole J. Private and Public Supply of Liquidity [J]. Journal of Political Economy, 1998: 106.

[156] Hsieh C T, Klenow P J. Misallocation and Manufacturing TFP in China and India [J]. Quarterly Journal of Economics, 2009, 124 (4): 1403 – 1448.

[157] Huang Y. One country, two systems: Foreign invested enterprises and domestic firms in China [J]. China Economic Review, 2003, 14 (4): 0 –416.

[158] Ibrahim M, Alagidede P. Nonlinearities in financial development – economic growth nexus: Evidence from subSaharan Africa [J]. Research in International Business and Finance, 2017: 95 –104.

[159] Johnathan Tenenbaum. Financial development and economic growth [J]. International evidence. 1994, 18 (1): 41 –51.

[160] Kahneman D, Tversky A. On the psychology of prediction [J]. Psychological Review, 1973, 80 (4): 237 –251.

[161] Kahneman D, Tversky A. Subjective Probability: A Judgment of Representativeness [J]. Cognitive Psychology, 1972, 3 (3): 430 –454.

[162] Kreps H D M. Speculative Investor Behavior in a Stock Market with Heterogeneous Expectations [J]. The Quarterly Journal of Economics, 1978, 92 (2): 323 –336.

[163] Lakonishok J, Shleifer A, Vishny R W. The impact of institutional trading on stock prices [J]. Journal of Financial Economics, 1992, 32 (1): 23 –43.

[164] Larrain, B., Stock market development and crosscountry differences in relative prices [J]. *Review of Economics & Statistics*, 2010, 92 (4): 784 –797.

[165] Levine R. Financial development and economic growth: views and agenda [J]. Social Science Electronic Publishing, 1997, 35 (2): 688 –726.

[166] Levine, R., Zervos, S. Stock markets, banks, and economic

growth [J]. American Economic Review, 1998, 88 (3): 537 - 558.

[167] Martin A, Ventura J. Economic Growth with Bubbles [J]. American Economic Review, 2012, 102 (6): 3033 - 3058.

[168] Mckinnon R I. Money And Capital In Economic Development [J]. American Political Science Review, 1973, 68 (4): 1822 - 1824.

[169] Minier, J. A., Are small stock markets different [J]. Journal of Monetary Economics, 2003, 50 (7): 1593 - 1602.

[170] Minsky, Hyman P. Ph. D., "Stabilizing an Unstable Economy: The Lessons for Industry, Finance and Government" (1986). *Hyman P. Minsky Archive*. 513.

[171] Morales M F. Financial Intermediation in a Model of Growth through Creative Destruction [J]. *Macroeconomic Dynamics*, 2003, 7 (3): 363 - 393.

[172] Nyasha S, Odhiambo N M. Banks, Stock Market Development and Economic Growth in Kenya: An Empirical Investigation [J]. Journal of African Business, 2016: 1 - 23.

[173] Obstfeld, M., Risktaking, global diversification, and growth [J]. American Economic Review, 1994, 84 (5): 1310 - 1329.

[174] Olivier, J. "Growth Enhancing Bubbles", *International Economic Review*, 2000, 41 (1): 133 - 152.

[175] Orhangazi O. Financialisation and capital accumulation in the non - financial corporate sector: A theoretical and empirical investigation on the US economy: 1973 ~ 2003 [J]. Cambridge Journal of Economics, 2008, 32 (6): 863 - 886.

[176] Owusu E L, Odhiambo N M. Stock market development and economic growth in Ghana: an ARDL - bounds testing approach [J]. Applied Economics Letters, 2014, 21 (4): 229 - 234.

[177] Peng W Q, Wei K C, Yang Z, et al. Tunneling or Propping: Evidence from Connected Transactions in China [J]. Journal of Corporate Finance, 2011, 17 (2): 306 - 325.

[178] Peress J. Learning from Stock Prices and Economic Growth [J]. Review of Financial Studies, 2014, 27 (10): 2998 - 3059.

[179] Poncet S, Steingress W, Vandenbussche H. Financial Constraints in China: Firm Level Evidence [J]. Social Science Electronic Publishing, 2010, 21 (3): 411 -422.

[180] Pradhan R P. Development of stock market and economic growth: the G -20 evidence [J]. Eurasian Economic Review, 2018, 8 (2): 161 -181.

[181] Rajan P R G. The Benefits of Lending Relationships: Evidence from Small Business Data [J]. The Journal of Finance, 1994, 49 (1): 3 -37.

[182] René M. Stulz. Rethinking risk management [J]. Journal of Applied Corporate Finance, 1996, 9 (3): 18.

[183] Rioja, F., Valev, N. Stock markets, banks and the sources of economic growth in low and high income countries [J]. *Journal of Economics & Finance*, 2014, 38 (2), 302 -320.

[184] Rioja F, Valev N. Does one size fit all?: a reexamination of the finance and growth relationship [J]. Journal of Development Economics, 2004, 74 (2): 418 -447.

[185] Rousseau P L, Wachtel P. What is happening to the impact of financial deepening on economic growth? [J]. Social Science Electronic Publishing, 2011, 49 (1): 276 -288.

[186] Scheinkman J A, Xiong W. Overconfidence and Speculative Bubbles [J]. Journal of Political Economy, 2003, 111 (6): 1183 -1219.

[187] Scharfstein D S, Stein J C. Herd Behavior and Investment [J]. American Economic Review, 1990, 80 (3): 465 -479.

[188] Schulz M C, Demmrich A, Stroszczynski C, et al. Rational herding in financial economics [J]. European Economic Review, 1998, 40 (3 -5): 603 -615.

[189] Schumpeter, J, The Theory of Economic Development, Cambridge [M]. Harvard University Press. 1912.

[190] Sharma S, Bikhchandani S. Herd Behavior in Financial Markets; A Review [J]. IMF Working Papers, 2000, 47 (3): 279 -310.

[191] Singh, A., Financial liberalisation, stock markets and economic development [J]. *Economic Journal*, 1997, 107 (5): 771 -782.

[192] Stanford J C, Chen J, Hong H, et al. Breadth of Ownership and Stock Returns [J]. Journal of Financial Economics, 2002, 66 (2): 171 - 205.

[193] Stiglitz J E, Weiss A. Credit Rationing in Markets with Imperfect Information [J]. American Economic Review, 1981, 71 (3): 393 -410.

[194] Thaler R H, Bondt W F M D. Do Security Analysts Overreact? [J]. American Economic Review, 1990, 80 (2): 52 -57.

[195] Theurillat T, Corpataux J, Crevoisier O. Property Sector Financialization: The Case of Swiss Pension Funds (1992 ~2005) [J]. European Planning Studies, 2010, 18 (2): 189 -212.

[196] Tirole J. , 1985, "Asset Bubbles and Overlapping Generations", Econometrica, 53 (5): 1071 -1100.

[197] Tobin, J. Money and economic growth [J]. Econometrica, 1965, 33 (4): 671 -684.

[198] Ventura J. Bubbles and capital flows [J]. Journal of Economic Theory, 2012, 147 (2): 738 -758.

[199] Weil, Philippe. "On the possibility of price decreasing bubbles", *Econometrica*, 1990, 58 (6): 1467.

[200] Zilibotti F. Endogenous Growth and Intermediation in an Archipelago Economy [J]. Economic Journal, 1994, 104 (423): 462 -473.

后　记

本书由我在暨南大学经济学院完成的博士论文基础上修改而成。虽然博士论文的理论主题和基本框架早已形成，但毕业一年以来忙于学生和教学事务，被拖延至今日完成，较之博士论文，本书终稿的质量有了提升，做到了理论研究和经验分析的一致性。本书得以顺利出版和学校的支持是分不开的。

在本书付梓之时，特别需要感谢的是我的父母，从小到大只要我认可的事，他们都无条件支持。虽然家里条件并不富裕，父母文化程度也不高，但当我决定从银行辞职继续读博时，父母给予很大的鼓励和支持，让我毫无顾虑追求自己的梦想、喜爱的生活方式。

最让我引以为豪的是能够师从恩师——苏冬蔚教授，能够成为恩师的学生是我人生的一大幸事。和恩师的缘分始于 2015 年 10 月的一封邮件，当时我怀着忐忑的心情跟恩师联系，希望通过申请审核方式攻读恩师的博士研究生，知道以恩师这种级别的教授肯定有很多学生联系过他，自己很有可能被拒绝。让我欣喜的是恩师不嫌弃我来自一个普通的财经院校、科研能力弱等不足，竟然给我回复了我邮件，表示欢迎我做他的博士生。进入师门后，恩师严谨的渊博的知识、敏锐的观察力、创造性的思维、严谨的学术要求以及对学术论文写作的高标准都让我印象深刻，并且潜移默化地影响着我，鞭笞我不断学习，努力提高自身能力。在学术研究中，没有恩师的指引，我的科研能力就不可能有所提高，在此，感谢恩师三年来对我的学生指导，希望自己日后也能够成为像恩师一样出色的经济学家。恩师除了在科研上给予耐心指导外，还关心我的日常生活以及毕业工作去向，在与恩师日常交流过程中，恩师待人处事方式让我受益匪浅。

在博士求学生涯过程中，感谢金融系这群可敬的老师们，如蒋海教授、叶德珠教授、刘少波教授、王聪教授、田存志教授、杜金岷教授、沈军教授、杨星教授、陈创练教授、李共先老师、熊伟老师等，你们不仅在学习上教授了学术理论知识，还给予了其他各种帮助。特别是敬爱的叶德珠教授和蒋海教授，叶教授是我申请博士最早联系的老师，很遗憾没能够做你的博士生，希望以后在学术上能够与叶老师有更多的学习、交流。而蒋海教授在过去三年多次关心我的学习和生活，博士就业还帮我写了专家推荐信，对此表示感谢。

此外，感谢在我读博期间给予帮助的同门、同学、朋友。如同门师兄周超、彭松林、熊家财、邓可斌、曾海舰等、师姐吴意，师弟黄丰、师妹叶菁菁、廖佳，硕士师弟师妹连莉莉、赵澜郦、王玥、李锦然、李子璇、李淋秋、曾璐、李力贤、江康奇等；室友葛振宇、景守武、曹翔、万攀兵；同学吴非、乔志程、叶显、庄礼焕、邓洁、杜奕旋、王冠男、程筱芝、孟娟、徐明、颜斌、刘彩霞等，恕不能一一署名，伴我一起度过美好的校园生活，让研究效率得以提高。

最后，本书得以顺利出版和学校的大力支持是分不开的，在此表示感谢。

毛建辉
2020 年 7 月